EVROPA

Tania Förster, geboren 1969 in Bonn, studierte Germanistik und Romanistik. Sie ist als Kulturjournalistin für Rundfunk und Fernsehen tätig und pendelt beruflich zwischen Köln und Paris.

TANIA FÖRSTER

Dora Maar

Picassos Weinende

EUROPÄISCHE VERLAGSANSTALT

für Dieter und Nini

Inhalt

»Sie war eine Frau. Das ist schon sehr viel.«

Georges Bernier

Lüttich, 6. Oktober 2000

Picasso-Ausstellung im Museum für Zeitgenössische und Moderne Kunst in Lüttich. Eine Gruppe von Besuchern bleibt vor einem Porträt von Dora Maar stehen. Der kunsthistorische Führer Jos van der Terten erklärt: »Hier sehen Sie Dora Maar. Picasso selbst sagte: ›Die Zeit mit Dora Maar war meine schrecklichste Periode, meine schlimmste, ich war eigentlich nicht inspiriert. Dora Maar war egoistisch und selbstsüchtig.‹ ... Das kann man überall nachlesen, daß Dora Maar eine schwierige, ja hysterische Persönlichkeit war. Sie kennen doch alle das Bild der *Weinenden Frau*!? Aber«, fügt van der Terten hinzu, »ich kann mir vorstellen, daß er sehr viel Spaß mit ihr gehabt hat ...«

Vorspiel

»Ich brauche Geld«

Es klingelte. Ungeduldig. Schnarrend. Wie französische Telefonapparate eben klingeln, zumindest die alten Modelle. Trotz seines hohen Alters – Heinz Berggruen war am 8. Dezember 1996 82 Jahre alt – hastete der berühmte deutsche Kunstsammler zum Telefon. Vielleicht war ja das Museum of Modern Art in New York doch noch an einem Tausch – drei Kandinsky gegen zwei kleine Ernst – interessiert.

»Allô?«

»C'est Dora Maar.«

»Ah« – und um seine Verwunderung zu überspielen, setzte Berggruen noch das obligate »ça va?« hinterher.

»Ça va. Es geht so. Venez me voir, Berggruen. Kommen Sie vorbei.«

»Ah, volontiers. Gern.«

»Oui, alors, venez! Ja, nun kommen Sie!«

»Qu'est ce que je peux faire pour vous? Was kann ich für Sie tun?«

»Venez. J'ai besoin de l'argent. Kommen Sie. Ich brauche Geld.«[1]

Berggruen hatte gar keine Zeit, sich darüber zu wundern, daß Dora Maar noch im Besitz seiner Telefonnummer war. Da er auf der sogenannten *liste rouge* stand (der von der französischen Telekom geführten Liste der Geheimnummern), mußte sie sei-

1 Gespräch mit Heinz Berggruen in Berlin am 19. März 1999.

ne Nummer seit den 50er Jahren aufgehoben haben. Er hatte ihre Bilder erstmals 1957 in seiner Galerie in der Rue de l'université ausgestellt.

Jetzt war höchste Eile geboten. Immerhin war Dora Maar zum Zeitpunkt des Telefonats bereits 89 Jahre alt. Berggruen wußte nicht, wie es um ihr gesundheitliches Wohl stand. Nach der Ausstellung ihrer Werke in seiner Galerie vor gut 40 Jahren war der Kontakt abgebrochen. Obwohl ihre Bilder sich gut verkauft hatten, war ein bitterer Nachgeschmack geblieben. Dora Maar, die auf eine weitere Ausstellung gedrängt hatte, war nicht bereit gewesen, über den Verkauf eines einzigen ihrer Picasso-Gemälde zu sprechen. Und so blieb es bei einigen flüchtigen Begegnungen. Bis sie sich in den 70er Jahren ganz in ihre Wohnung in der Rue de Savoie Nr. 6 zurückgezogen hatte.

Mit hochgeschlagenem Mantelkragen machte sich Berggruen auf den Weg. Der Regen war lästig. Doch immer noch besser als die stickigen Gänge im Labyrinth der Métro. Außerdem war die Wohnung Dora Maars ebenso wie Picassos Atelier in der Rue des Grands-Augustins nur einen Katzensprung entfernt. Bei seiner Ankunft 1945 in Paris hatte Heinz Berggruen seine Wohnung in der Rue Guynemer der Nähe zum Künstlerviertel Saint-Germain-des-Prés wegen gewählt.

Obwohl es ein kleiner Umweg war, überquerte er die Place St-Germain-des-Prés. Hätte er es an diesem Morgen nicht so eilig gehabt, wäre er bestimmt noch in das legendäre Café an der Ecke gegangen, dessen grüne Markise gerade von einem Kellner heruntergelassen wurde. In den Morgenstunden ist das *Deux Magots* besonders reizvoll. Zwar sitzen hier schon lange nicht mehr Picasso, Breton, Camus und Sartre, doch das über

100 Jahre alte Café ist einer der Treffpunkte der Pariser Intellektuellen geblieben.

Jahrelang war er an der Grünanlage an der Ecke Rue de l'Abbaye/Place St-Germain-des-Prés vorbeigelaufen, ohne ihr größere Beachtung zu schenken. Auf einem winzigen Rasenstück befand sich eine Büste des Dichters Apollinaire, zu dessen engsten Freunden Picasso gezählt hatte.

Ein Komitee hatte nach dem Tod Apollinaires im Jahre 1917 Picasso beauftragt, zu Ehren des Dichters der »Calligrammes« eine Skulptur zu schaffen. Doch keiner der zahlreichen Vorschläge, die Picasso in den nächsten drei Jahrzehnten einreichte, konnte das Komitee überzeugen. Einzig eine klassische Statue hielt man dem Dichter (der doch mehr als jeder andere für die Moderne eingestanden hatte) für angemessen. In seiner Not – auch ein transparentes *Monument des Nichts* war nicht akzeptiert worden – reichte Picasso kurz nach Ende des Zweiten Weltkrieges eine klassizistisch anmutende Büste ein, für die Jahre zuvor seine Freundin Dora Maar Modell gesessen hatte. Froh, endlich etwas Mustergültiges in Händen zu halten, gab es für die Vorsitzenden des Komitees keinen Zweifel an der Zweckdienlichkeit der Büste. So stand nun das in Bronze gegossene Bildnis Dora Maars in memoriam Guillaume Apollinaire seit über 40 Jahren in der rechten Ecke der Place St-Germain-des-Prés.[2]

Erst an diesem Morgen wurde sich Heinz Berggruen der Modernität dieser Büste bewußt, die zum einen ganz im Stil der zeitgenössischen Sinnsuche im Auseinanderfallen von Titel und Objekt lag. Zugleich war sie aber auch eine geheime Hom-

2 Im April 1998 wurde die Skulptur aus der Grünanlage entwendet. Sie ist bis heute verschwunden.

mage an jene Frau, die Picassos Werk in den Kriegsjahren entscheidend geprägt hatte und danach in Vergessenheit geraten war.

Gleich sollte er sie sehen: Dora Maar, die zeitlebens nicht weniger erhaben gewirkt hatte als hier auf diesem Sockel.

Er wurde erwartet. Noch bevor er anklopfen konnte, öffnete sich die Wohnungstür. Doch nicht Dora Maar stand ihm gegenüber, sondern eine »gute Seele«, eine jener Frauen, die für ein paar Francs das Nötigste für die bettlägerige Maar verrichteten.

Berggruen betrat die Wohnung. Es war traurig, geradezu deprimierend. Nichts hatte sich seit seinem letzten Besuch vor 40 Jahren verändert, vereinzelte Möbel ließen das großbürgerliche Flair vergangener Tage erahnen. Doch Staub, Schmutz und Unordnung raubten der Vier-Zimmer-Wohnung den letzten Lichtstrahl.

Dora Maar lag auf einer Couch. Auch in dieser düsteren Umgebung hatte sie nichts von ihrer majestätischen Ausstrahlung verloren. Unter einem Turban, der ihr licht gewordenes Haar verbarg, strahlten ihre großen bronzegrünen Augen. Mit geradezu kühler Selbstverständlichkeit empfing die Künstlerin ihren ehemaligen Galeristen, so als hätten sie sich erst kurz zuvor gesehen.

»*Comment ça va, Berggruen?*«

Gedankenverloren antwortete er ihr. Er mußte sich erst noch an die veränderte Umgebung gewöhnen. Kein einziges Bild hing mehr an den vergilbten Wänden. Nur die schwarz aufgepinselten monströsen Fliegen, Ausgeburten einer Picasso-Laune. Die Nachfolgerin Dora Maars, Françoise Gilot, hat in ihren Erinnerungen eine Bemerkung Picassos über sie festgehalten:

»Er sagte, er habe Dora von jeher für eine so kafkaeske Persönlichkeit gehalten, daß er immer, wenn er einen Flecken an der Wand ihres Zimmer entdeckte, mit der Feder so lange an ihm herumgearbeitet habe, bis er ihn in ein kleines, aber täuschend lebensechtes Insekt verwandelt hatte.«[3]

Ohne ein Wort über ihr Befinden oder die Vergangenheit zu verlieren, kam Dora Maar auf den Anlaß ihres Anrufs zu sprechen. Da sie ein paar Rechnungen zu bezahlen habe – sie war einen Monat im Rückstand mit ihrer Telefon- und Stromrechnung –, wolle sie Berggruen etwas verkaufen. Sie hatte alles vorbereitet. Aus einer Pappmappe zog sie ein mit Tusche und Bleistift gemaltes Bild: *Die Badenden*, eine seltene Arbeit aus Picassos sehr kurzer surrealistischer Phase. Berggruen wußte um die Bedeutung der 1934 entstandenen Zeichnung, aber es war eben doch nicht eines der ersehnten großen Gemälde. Enttäuscht warf er noch einmal einen Blick auf die leere Wand.

»Diese Arbeit kann ich Ihnen verkaufen. Ich brauche Geld«, sagte Dora Maar und nannte einen Preis. »Ein wahnsinniger Preis! Völlig unrealistisch! Dreimal soviel, wie das Bild wert ist!« dachte Berggruen. Doch der immer noch sehr aktive Sammler mußte sich eingestehen, daß sie mit ihrer Preisvorstellung sehr wohl auf dem laufenden war. Ein Blick auf den Boden genügte. Rings um ihre Liegestatt verteilt, so als ließe sie die Bücher nach der Lektüre einfach aus der Hand gleiten, lagen die Kataloge aller großen Museen und Auktionshäuser der Welt, von denen heute immer noch Picassos gekauft und verkauft werden.

3 Françoise Gilot: *Leben mit Picasso*. (New York 1964) München 1980. S. 76.

Die Haltung, die Dora Maar eingenommen hatte, vollkommen nüchtern und ernst, hatte sie zu einer ebenbürtigen Geschäftspartnerin gemacht, die ihre Bettlägerigkeit vergessen machte.

Berggruen zögerte nicht lange und nannte sein Gebot: die Hälfte! Fast schmerzte es, daß sie nach einem kurzen Moment des Nachdenkens nur noch unwesentlich mehr verlangte. Ihr schien alles auf einmal nicht mehr so klar zu sein. Berggruen akzeptierte den Preis. Auch wenn er nicht wirklich an dieser Arbeit interessiert war, so hoffte er doch, durch diese Geste ihr weitere Bilder abkaufen zu können.

Heinz Berggruen verließ die Wohnung, wie er gekommen war. Die Zeichnung wollte sie nicht aushändigen, bevor sie nicht das Geld auf ihrem Konto wußte.

Ungeduldig, das Bild nun endlich in Besitz nehmen zu können, suchte er sie bereits zwei Tage später wieder auf. Dora Maar genoß sichtlich das vertraute Gespräch. Sie war begierig, mehr über »die Welt da draußen« zu erfahren. Was passierte im Museum of Modern Art in New York? Besaß man Fotografien von ihr? Das Wort Picasso wurde nie ausgesprochen.

Auch über die Zeichnung wurde kein Wort mehr verloren. Dora Maar blieb mißtrauisch. Auch eine Gutschrift von ihrer Bank konnte sie nicht beruhigen. Sie tat sich schwer, den Auszug zu lesen, sie verwechselte scheinbar die alten mit den neuen Francs. Berggruen blieb geduldig.

Schließlich regelte sich alles, und die Übergabe fand statt. Die ungerahmte Zeichnung lag auf ihrer Bettdecke, als Heinz Berggruen das Zimmer betrat. Er hatte das unverbindliche »Comment allez-vous, Dora?« noch nicht ausgesprochen, da hatte sie ihm das Bild mit der Bemerkung, sie habe die Gutschrift der

Bank erhalten, entgegengereicht. Es schien, als ginge ein Lächeln über ihr ungeschminktes Gesicht. Doch auch der Sammler konnte seine Befriedigung, um nicht zu sagen seine Begeisterung, kaum verbergen. Er hatte nun schon so viele Bilder Picassos gesehen. Doch jedesmal überkam ihn ein leichter Schauer, wenn er eines in den Händen hielt – und ein sehr beruhigendes Gefühl, wenn es in seinen Besitz übergegangen war.

Die Anspannung der letzten Tage war verschwunden, jeder hielt das in den Händen, worauf er so sehnlich gewartet hatte. Und so kam es, daß die ehemalige Freundin Picassos – diesmal ungefragt – Berggruen weitere Bilder anbot. Es waren jene Gemälde, die ihm seit seinem ersten Besuch nicht mehr aus dem Kopf gegangen waren. Sie befanden sich alle in der Bank, in deren Tresoren auch die Picasso-Erben ihre Bilder weggeschlossen hatten. Von Berggruens Vorschlag, sie von seinem Chauffeur abholen zu lassen, hielt sie jedoch nichts. Sie wolle erst mit ihm zur Bank gehen, wenn sie wieder laufen könne.

Dazu sollte es nicht mehr kommen.

Ein halbes Jahr später, am 16. Juli 1997, starb Dora Maar. Sie hinterließ kein Testament.

Ein ganzes Jahr brauchten Genealogen, um die Erben zu ermitteln: zwei greise Cousinen fünften Grades, die nichts von der Existenz Dora Maars gewußt hatten. In zehn Versteigerungen wurde der komplette Nachlaß unter den Hammer gebracht – für 230 Millionen Francs, umgerechnet ca. 70 Millionen DM.

»Jeder kennt ihren Namen – keiner weiß, wer sie ist«[4]

Als am 26. Juli 1997 die Tageszeitung *Le Monde* in der Rubrik »Nachrufe« den Tod von Dora Maar verkündete, war sie bereits seit zehn Tagen tot. Der verantwortliche Redakteur war wohl nicht vorbereitet gewesen. Erstaunlich, denn Nachrufe liegen normalerweise fertig geschrieben in der Schublade. Warum nicht bei der renommierten *Le Monde*? Hatte man ihren Tod übersehen, weil man gar nicht ahnte, daß die ehemalige Geliebte Picassos ihn um 24 Jahre überlebt hatte?

Wirklich interessant wurde Dora Maar für die Presse, als ihr Nachlaß mehr als ein Jahr nach ihrem Tod versteigert wurde.

In unzähligen Bildern hat Picasso sie verewigt. Nach der Trennung hatte sie eine schwere Nervenkrise, von der sie sich nicht mehr richtig erholen sollte. Bis zu ihrem Tod lebte sie vollkommen zurückgezogen in ihrem Appartement in der Rue de Savoie. So oder so ähnlich wurde das Leben von Dora Maar in den Berichten kurzerhand beschlossen.

Die wenig sicheren Daten, die es zu ihr gab, stammten fast alle aus Picasso-Biographien. Als wäre ihre Existenz aus der Existenz Picassos hervorgegangen. Eine Ausnahme ist James Lords Buch »Picasso und Dora Maar. Eine persönliche Erinnerung«.[5] Der Amerikaner erzählt von ihrer fast dreijährigen Freundschaft in den 50er Jahren. Doch auch hier sind die Angaben zu ihrer Person spärlich, und vorrangig ist der subjektive Eindruck des Autors.

Die Versteigerungen ermöglichten einen ersten objektiven Zugang zu ihrer Person. Die Erben behielten nicht ein einziges

4 Le Monde.

5 1993 in New York, 1994 bei Matthes & Seitz in München erschienen: *Picasso und Dora Maar.* Erst 2000 erschien die französische Übersetzung.

Stück. Alles wurde versteigert. In der Hauptsache Kunst. Picassos *Weinende Frau* (wie die meisten seiner Gemälde wurde auch dieses für das Doppelte des Schätzpreises, für 37 Millionen Francs, versteigert) entpuppte sich als autarke Künstlerin: Fünf der insgesamt zehn Auktionen galten ihrem fotografischen und malerischen Nachlaß.

Was für ihre Person gilt, gilt auch für ihre Kunst: Kaum jemand weiß, daß Dora Maar Fotografin und Malerin war. Obwohl einige ihrer Fotografien im Museum of Modern Art und im Metropolitan in New York hängen, bringen nur wenige ihren Namen in Zusammenhang mit denen ihrer berühmten Kollegen, den Fotografen Cartier-Bresson, Man Ray und Brassaï.

Welche Bedeutung sie heute auf dem Kunstmarkt noch hat, sollte sich in den Auktionen erweisen. Am 27. und 28. Oktober, am 20. November 1998 und am 19. November 1999 wurden ihre Fotografien versteigert, fast 1000 Stück, um die sich Händler und Sammler förmlich rissen. Eine wahre Sensation, auch für die, denen sie als Fotografin bereits ein Begriff gewesen war. Wer hatte ahnen können, daß es noch bedeutend mehr Fotoarbeiten gab, als bisher in Ausstellungen gezeigt worden waren. Wissend, daß von nun an die Preise nur steigen konnten, trieben sich die Käufer gegenseitig in die Höhe: Ihre berühmte Fotografie *Père Ubu* erzielte mit 350 000 Francs den höchsten Preis.

Mißt man ihre Bedeutung als Malerin an der Bilanz der Auktionatoren, so ist diese eher marginal. Ihre Bilder wurden kaum teurer verkauft als mancher Bilderrahmen, der in ihrem Besitz war. Ihr malerisches Werk sei kaum bekannt, so Auktionator Mathias, und habe noch keinen Marktwert.

Diejenigen, die Zeit und Muße hatten, alle Auktionen, von der ersten am 27. Oktober 1998 bis zur letzten am 19. November 1999, zu verfolgen, konnten erahnen, was ihr Leben vor Picasso ausgemacht hatte. Ihre Arbeit reichte von Mode- und Reisefotografien, Akt- und Sozialaufnahmen über Porträts ihrer besten Freunde, der Pariser Avantgarde der 30er und 40er Jahre, bis hin zu ihren monströsen surrealistischen Arbeiten. Blitzartig leuchtete ihr künstlerisches Schaffen, ihr mondäner Lebensstil und ihr politisches Engagement auf. Fotografien von der Millionärin Helena Rubinstein, von André Breton und Co. neben Fotos bettelnder Greise und herumstreunender Kinder. Aufnahmen von den Kapverdischen Inseln. Barcelona. London.

Und plötzlich der Einbruch: Picasso. Die Fotografien, die während ihrer Beziehung entstanden, sind fast ausschließlich Dokumentationen seines Werks. Sie wurden nicht weniger teuer verkauft als ihr eigenes künstlerisches Werk. Denn zu ihrem Ruhm hat nicht ihre, sondern die Kunst Picassos geführt.

Im riesigen Saal der Maison de la Chimie wurde eine Zeit lebendig, die zu den düstersten und zugleich kreativsten Picassos zählt. Während all die anderen Auktionen im renommierten Auktionshaus Drouot stattfanden, mußte die Versteigerung der Werke Picassos ausgelagert werden. Drouots Säle waren nicht groß genug. Händler und Sammler aus aller Welt trafen sich am 27. und 28. Oktober 1998 in Paris, um einem seltenen Ereignis auf dem internationalen Kunstmarkt beizuwohnen: Den Großteil der über 200 Objekte aus Picassos Hand hatte zuvor noch niemand zu Gesicht bekommen. Dora Maar hatte sie über 60 Jahre lang unter Verschluß gehalten. Nicht nur auf Leinwand hatte er sie verewigt, sondern auch auf Knochen, Steinen, Streichholzschachteln und in Ringen und Amuletten. Kein Material war ihm zu klein gewesen, um ihren kühl distanzierten Ausdruck immer wieder aufs neue zu analysieren.

In all den winzigen Kunstobjekten findet man nicht nur den verspielt-verliebten Maler, sondern auch indirekt seine Gefährtin wieder. Für den Picasso-Biographen Pierre Daix zählt die »Periode Dora Maar« zu den kreativsten Phasen Picassos.

Dora Maar hatte jede Erinnerung aufbewahrt. Doch so trivial das Material oft ist – wie zum Beispiel eine aus einem verkohlten, braunbepinselten Stück Holz entstandene Zigarre oder kleine Vögel aus Zinnkapseln oder Knochen und Papierfetzen, in die Picasso mit seiner Zigarette eine Grimasse eingebrannt hatte –, jedes Objekt offenbart Picassos Genie. Und das hat seinen Preis. So kamen vier Papierrisse, darunter sich an Händen haltende Mädchen, für das Zwanzigfache des Schätzpreises, nämlich für 100 000 Francs, unter den Hammer.

Dora besaß nicht nur Picassos. Auch andere Maler, Miró, Cocteau und Balthus, hatten ihr Bilder geschenkt. Bücher von André Breton, Paul Éluard oder Nathalie Sarraute mit sehr persönlichen Widmungen geben Hinweise auf die enge Verbindung mit diesen Schriftstellern.

Und nicht zu vergessen die Bilder ihrer Konkurrenz. Picasso war nicht der einzige gewesen, der von ihrem Gesicht gefesselt war. Die Porträtaufnahmen so berühmter Kollegen wie Man Ray und Brassaï geben viel von ihrer Persönlichkeit preis.

So unterschiedlich die einzelnen Aufnahmen sind, allen gleich ist Doras statuarische Haltung von überlegener Gelassenheit. Während die Fotografinnen Lee Miller und Rogi André Doras distanzierten Ausdruck als romantische Träumerei in Szene setzten, betonten Brassaï und Izis die klaren Züge ihres Gesichts. Lässig auf einen Stuhl gestützt, ist ihr Blick – an der Kamera vorbei – von ungeheurer Intensität. Aber sie scheint abwesend. Eine Pose, gedankenverloren, intelligent, geistreich. Der schwarze Blazer, die goldene Zigarettenspitze, an der sie zieht, und das streng frisierte Haar zeigen Selbstbewußtsein und Unabhängigkeit. Doch dank ihrer grazilen, schlanken Finger und des geschminkten Mundes verliert sie nichts von ihrer weiblichen Ausstrahlung, im Gegenteil: Gerade diese wird durch die männlichen Attribute noch betont.

Das berühmte Bild, das Man Ray von Dora Maar 1936 gemacht hat, trifft ihre kühle Sinnlichkeit am besten. Im Gegensatz zu allen anderen Aufnahmen hebt er nicht einen bestimmten Aspekt ihrer komplexen Persönlichkeit hervor, sondern macht aus ihr eine ätherische Sphinx. In diffuses Licht getaucht, schaut sie mit sanftem und sinnlichem Blick, der zugleich stark und wissend ist, in die Kamera. Ihre geschmeidigen Finger, die sie wie ein drittes Auge über der hohen Stirn hält, verleihen ihr einen geheimnisvollen Nimbus.

In dem Porträt von Man Ray findet man die rätselhafte Persönlichkeit wieder, die am 25. Juli 1997, begleitet von einer siebenköpfigen Trauergemeinde, auf dem Friedhof von Clamart in den Hauts-de-Seine zu Grabe getragen wurde.

Erster Teil: 1907–1936

Dora Maar wurde als Henriette Théodora Markovitch am 22. November 1907 in Paris geboren, als Kind einer Französin und eines Jugoslawen.

Die Angaben zu Geburtsjahr, Geburtsname und Geburtsort variieren in Ausstellungskatalogen und Publikationen zur Fotografie im 20. Jahrhundert. Gesichert sind sie dank des Katalogs zur Ausstellung ihrer malerischen Arbeit in der Pariser Galerie *1900–2000* im Jahre 1990. Dora Maar bestand darauf, ihn Korrektur zu lesen. Die einzig präzise Angabe zu ihrer Kindheit (außer der Tatsache, daß ihre Mutter in Tours geboren wurde) stammt aus dem Auktionskatalog. 1910 zog die Familie aus beruflichen Gründen nach Buenos Aires.

»Mein Vater ist der einzige Architekt, dem es nicht gelang, in Buenos Aires ein Vermögen zu machen.«[6] Mit diesen Worten zog Dora Maar einen Schlußstrich unter ihre Kindheit. Mehr erwähnt James Lord nicht. Er hätte es gewiß getan, wenn Dora Maar mehr erzählt hätte. Zu selten sprach sie von ihrer Vergangenheit. Nur halb äußerte sie sich über die elterlichen Streitereien, die ihre Kindheit geprägt hatten. Die Mutter habe in ihr eine Verbündete gesucht, was die Beziehung zum Vater noch mehr kompliziert habe.

Die wenigen Fotos aus ihrer Kindheit, die in die Versteige-

6 Lord, *Picasso*, S. 157.

rung kamen, zeigen Dora mit unbewegtem Ausdruck, der ihrem anmutigen Gesicht bereits in jungen Jahren Tiefe und Tragik verleiht.

Als sie 1926 aus Buenos Aires nach Paris zurückkehrten, sprach Dora fließend Französisch und Spanisch. Ihre Schulbesuche im letzten Jahr vor dem Abitur waren nur noch Pausenfüller zwischen den zahlreichen »Surprise-parties«. Häufiger Gast auf diesen Überraschungspartys war auch Georges Bernier. Als Schüler des Gymnasiums Jason de Sailly gehörte er zu den Jungen, die sich mit den Schülerinnen des Molière-Gymnasiums, darunter auch Dora, in der Avenue Foch trafen. Die Kinder wohlhabender Eltern im 16. Arrondissement nutzten die kurze Zeit zwischen Schulschluß und Mittagessen fürs Amusement. Man tauschte sich aus: Wer ging mit wem, wo war die nächste Party? An vieles kann sich Georges Bernier nicht mehr erinnern. Aber an eines schon: Doras schwarzes Seidenkleid! Was für ein Auftritt! »Das war fast ein Skandal! So was trug ein junges Mädchen nicht!«[7] Hatte sie in diesem Kleid Louis Chavance kennengelernt? Dora wurde die Freundin des charmanten Bonvivants. Nur die Freundin, betont Bernier. Die Behauptung, der mondäne Drehbuchautor und Dora hätten ein Verhältnis miteinander gehabt, bestreitet er entschieden. Woher er das weiß? »Weil man die ganze Zeit aufeinanderhockte. Das hätte sofort die Runde gemacht!« Doch wie so oft gehen auch hier die Meinungen auseinander. Victoria Combalía[8] vermutet, daß Dora einige Jahre später die Geliebte von Chavance wurde – als Dora schon lange nicht mehr zur Schule ging. Sie beruft sich

7 Gespräch mit Georges Bernier in Suèvres am 28. August 2000.

8 Gespräch mit Victoria Combalía in Paris am 23. Februar 1999.

auf ein Gespräch mit Maurice Baquet. Der Schauspieler erzählte ihr, daß Dora, als er sie 1935 bei Dreharbeiten traf, eine Liebesaffäre mit Louis Chavance gehabt habe. Mehr erfuhr sie nicht.

Unbestritten ist nur, daß Louis Chavance Dora in die Cafés führte. Ins *Dôme*, ins *Rotonde*, ins *Sélect* und ins *Deux Magots*. Auf den Terrassen und in den verqualmten Räumen tummelten sich alle, die einen Namen in der Kunst hatten oder haben wollten. Dichter, Maler, Philosophen, Exzentriker. Schon bald sollte Dora dazugehören. Noch war sie »nur« eine junge Frau von 20 Jahren. Eine »Garçonne« – wie die Protagonistin des gleichnamigen Romans von Victor Margueritte, die zum Leitbild der jungen Frauengeneration wurde. Auch Dora trug das Haar kurz. Die Geschichte der Garçonne Monique Lerbier rief 1922 einen regelrechten Skandal hervor. Kritik und Öffentlichkeit verwehrten sich gegen die »extreme« Form der Emanzipation: Die in ihrer Erscheinung knabenhafte Titelheldin entscheidet allein und gegen die bürgerlichen Konventionen über ihre Berufs- und Liebesangelegenheiten. Selbständiges weibliches Handeln machte Schule unter den Frauen. Immer mehr strebten zu Beginn der 30er Jahre nach Unabhängigkeit.

Auch Dora Maar. Sie wollte Malerin werden. Malerin! Kunst war in den 20er und 30er Jahren noch fast ausschließlich den Männern vorbehalten. Frauen gingen sozial engagierten oder handwerklichen Berufen nach. Es den Männern gleichzutun, wagten meist nur Töchter aus gutem Hause. Sie hatten eine höhere Schulausbildung (erst seit 1924 dürfen in Frankreich Frauen dasselbe Abitur wie Männer machen) und hatten zudem finanziellen Rückhalt durch die Familie.

Auch Herr Markovitch finanzierte – trotz des schlechten Verhältnisses – die künstlerischen Ambitionen seiner exzentrischen Tochter. War sie ihm gleichgültig? Oder wagte er nicht zu widersprechen?

»Ich hatte sofort gute Kritiken«[9]

Zwischen 1926 und 1927 ließ sich Dora Maar als Malerin ausbilden. Sie besuchte Kurse der Académie Julian, der Union Centrale des Arts Décoratifs und der Schule von André Lhote. Letztere gehörte zu den renommiertesten Kunstakademien in Paris. Ein Mitschüler war Henri Cartier-Bresson. Mit dem später wohl brillantesten französischen Fotografen verband Dora Maar ein Leben lang eine freundschaftliche Beziehung. Beide gaben die Malerei für die Fotografie auf. Dora Maar erinnerte sich 1994 – in einem Gespräch mit der Kuratorin ihrer Ausstellung in Valencia, Victoria Combalía –, daß sie der Kunstkritiker Marcel Zahar auf die Idee gebracht hatte. Sie habe sich in jungen Jahren »nicht so recht fürs Malen begeistern können«. Wahrscheinlich waren pragmatische Gründe ausschlaggebend. Zahar wußte, daß man als Fotograf weitaus mehr Möglichkeiten hatte, seinen Lebensunterhalt zu verdienen. Denn anders als die Malerei war die Fotografie nicht auf eine rein künstlerisch interessierte Kundschaft angewiesen. Eine wichtige Einnahmequelle waren die Mode- und Werbeindustrie und die illustrierten Zeitungen und Zeitschriften.

9 Anläßlich der Retrospektive *Dora Maar Fotografá* 1995 in Valencia führte die Kuratorin Victoria Combalía 1994 ein Interview mit Dora Maar am Telefon. Es wurde in *Art Press,* No. 199, Februar 1995, veröffentlicht. S. 54–58.

Ihre Ausbildung setzte Dora Maar an der École de Photographie de la Ville de Paris fort. Kaum hatte sie die Schule absolviert, ging sie zu Man Ray. Der amerikanische Fotograf galt bereits in den 30er Jahren als Meister seines Fachs. Ob sie bei ihm mitarbeiten könne? Man Ray lehnte ab. Er nehme keine Assistenten. Wirklich? Bekannte Fotografen wie Boiffard und Abbott gingen in seine Schule. In dem Interview von 1994 erinnerte sie sich, daß er ihr aber bei jeder Frage zur Verfügung habe stehen wollen. »Sie sehen, wie freundlich er sich mir gegenüber benommen hat, wie korrekt, obwohl ich doch nur eine Anfängerin war«, sagte sie, und im selben Atemzug, daß sie ihn im Umfeld der Surrealisten besser kennengelernt habe. Daß sie sogar wenige Jahre später – durch Picasso – freundschaftlich verbunden waren, erwähnte sie nicht.

Ihren Lehrer und Förderer fand sie in Emmanuel Sougez, dem Vater der modernen Fotografie in Frankreich. Ihm, so Maar in besagtem Interview, habe sie viel zu verdanken. Seine Ästhetisierung des Banalen, Alltäglichen faszinierte sie. Ein Lumpenhaufen, eine Handvoll Schnüre wurden durch seinen Blick, durchs Licht, durch eine bestimmte Perspektive zu einem Kunstwerk. Sougez versorgte sie mit allen Adressen, die eine Anfängerin benötigte. Von Händlern für Fotokameras bis hin zu Werbeindustrie und archäologischen Verlagen. Zwei Gebiete, auf die sich Sougez spezialisiert hatte. Vermutlich verdankte Dora Maar ihm auch ihren ersten Auftrag: eine Dokumentation über den Mont-Saint-Michel in der Normandie.

Einige der Fotos gelangten 70 Jahre später in die Versteigerung des Nachlasses. Eines zeigt die junge Maar, ausgelassen und lebenslustig, an der Seite eines gleichaltrigen Mannes am Abhang des Mont-Saint-Michel liegend, als würden sie gleich samt ihren Kameras in die Tiefe stürzen. Trotz der bemüht erschrockenen Gesichter kann das ironische Aufblitzen in ihren Augen nicht über den Streich hinwegtäuschen. Die Sachverständigen der Auktion verlangten für diese Aufnahme einen viermal so hohen Preis wie für die Fotografien des Mont-Saint-Michel selber. Und dies, obwohl man nicht sicher war, ob es sich um ein Foto aus ihrer Hand (per Selbstauslöser) handelte. Die Experten waren sich aber der Rarität des Bildes bewußt. Es war das einzige Foto in der Versteigerung, auf dem Dora – trotz Pose – ungekünstelt und locker wirkt.

Der gutaussehende Mann an ihrer Seite ist Pierre Kefer, wieder einmal »ein guter Freund«. Wieder einmal ein nützlicher. Kefer war als Ausstatter am Theater und beim Film tätig. 1928 hatte er mit Luis Buñuel zusammengearbeitet. Begierig, sich ein eigenes Atelier einzurichten, überredete Dora Maar ihn, sich beruflich mit ihr zusammenzutun. Im Garten von Kefers Eltern, im vornehmen Vorort Neuilly, Boulevard Richard Wallace Nr. 45b, richteten sie ein Studio ein. Der Kritiker der Kunstzeitschrift *L'Art vivant*, Jacques Guenne, zeigte sich im Oktober 1934 außerordentlich beeindruckt von Dora Maar und »ihrem« Atelier:

»In einem charmanten Garten von Neuilly, der das Haus seiner Eltern umgibt, hat Monsieur Kefer ein Studio von ausgesprochen schöner Architektur errichten lassen, das ohne Zweifel das größte und am besten eingerichtete Studio von Paris ist. Er war klug genug, zu erkennen, daß niemand besser als Dora Markovitch mit dem Licht, den Leinwänden und Geräten umzugehen wußte, mit denen er sein Palais bereichert hat. In der Mitte des Studios befindet sich ein großes Schwimmbad, das man nach Belieben mit Wasser oder Sand füllen kann. Dies gestattet Dora Markovitch und Monsieur Kefer, sich die unterschiedlichsten Dekorationen auszudenken.«

Eine Zeitlang stand ihr auch das Atelier von Harry Ossip Meerson zur Verfügung. Der amerikanische Fotograf, der durch die Aufnahmen von Marlene Dietrich berühmt geworden war, förderte junge Kollegen. Seine Hilfe war vermutlich nicht ganz uneigennützig. Denn so konnte er sicher sein, daß auch in seiner Abwesenheit jemand ein Auge auf seine Fotoplatten hatte. Hier traf Dora Maar auf Brassaï, dem sie fünf Jahre später die Rolle des Hoffotografen bei Picasso streitig machen sollte. Doch das ahnten die beiden noch nicht. Statt dessen entwickelten sie fleißig ihre Aufnahmen und retuschierten zu Übungszwecken die Fotografien des Amerikaners.

Wer Meersons Bilder von klassischer Schlichtheit und zeitloser Eleganz kennt, wird seinen Einfluß auf die Modefotografien Maars erkennen. Doch gleichermaßen ließ sie sich von den neuen Tendenzen am Modemarkt inspirieren. Die Experimentierlust junger Modeschöpfer wie Coco Chanel oder Elsa Schiaparelli schlug sich auch in ihren Fotografien nieder. Mit Kollorationen, Collagetechniken, Licht und Schatten und anderen Effekten versuchte sie das Farb- und Formenspiel der Couturiers einzufangen. Die Bilder vermitteln einen Eindruck von dem, was die alte Maar rückblickend ihre »mondäne Zeit«[10] nannte. Kefers Kontakten zur Modewelt verdankten die beiden jungen Fotografen eine »luxuriöse Kundschaft«. Wie z. B. Helena Rubinstein. Die Gründerin des Kosmetikimperiums bewohnte einen sagenhaften Art-déco-Bau am Quai de Béthune auf der Île Saint Louis, den sie eigens für sich hatte entwerfen lassen. Sie bestückte ihn mit zahlreichen Werken moderner Künstler. Kunst ist von jeher eine gute Vermögensanlage. Doch als hätte sie geahnt, daß ihr nur wenige Bilder erhal-

10 Dora Maar im Interview mit Victoria Combalía 1994.

ten bleiben sollten, beauftragte sie Dora Maar, ihr Haus, eine Ansammlung hollywoodesker Accessoires und Art-déco-Möbel, zu fotografieren. Wenige Jahre später – als die deutsche Armee 1940 in Paris einmarschierte – floh sie mit ihrem Ehemann, einem georgischen Prinzen, nach New York und mußte den Großteil ihrer Schätze zurücklassen. Kaum etwas blieb, nachdem ihr Haus besetzt, schwer beschädigt und geplündert worden war. Einzig Maars Fotografien erinnern an ihre Schätze, zu denen auch Bilder von Picasso, Derain und Matisse gehört hatten.

Auch wenn viele Fotografien mit *Kefer-Dora Maar* gestempelt sind, war Dora Maar die treibende Kraft in dem Zweiergespann, behauptet Christian Bouqueret, Kunsthistoriker und Autor des Buches »Les Femmes photographes«.[11] Indirekt wird er von Jacques Guenne bestätigt. In dem Artikel über die Fotografie Dora Maars in *L'Art vivant* im Oktober 1934 beschreibt er die Künstlerin bei der Arbeit – nur nebenbei erwähnt er die assistierenden Handgriffe Kefers:

»Eine dunkelhaarige Bildjägerin, die lange Strecken nicht ermüdet. Die Kühnheit eines Knaben mit der Neugierde und Offenherzigkeit einer Frau. Ich bedauere, daß sie ihren Namen verstümmelt hat. Indem der Name ihres Partners vorangeht, ist er eine kriegerische Lautmalerei geworden: Kefer-Dora Maar. Ich meinerseits erinnere mich nur noch an das junge Mädchen mit schweren Ketten um den Hals, das mir eines Tages, es ist schon lange her, kaum getrocknete Bilder brachte, auf denen Bäume Häuser zu kratzen schienen. Sie war Schülerin von Sougez, der mit der gleichen Präzision, mit der er Bilder bannt, ihr

11 Gespräch mit Christian Bouqueret in Paris am 29. März 2000 (*Les Femmes photographes de la nouvelle vision en France 1920–1940*. Paris 1998).

Talent entdeckt hatte. Sie hat sich seitdem emanzipiert, ohne dabei auf die Methode ihres Lehrers zu verzichten. Um die Leidenschaft, mit der Dora Maar arbeitet, zu erleben, muß man sie gesehen haben: Mit einer langen weißen Bluse bekleidet, dreht sie sich pausenlos um das Modell. Dora Maar sucht, wie die natürlichsten Gesten die plastischen Effekte begünstigen, sie spielt so mit dem Licht, daß die Schatten nicht verzerren. Das Studio wirkt zuweilen wie ein Operationssaal. Man hat den Eindruck, als wäre ein wissenschaftliches Komplott gegen das Modell geschmiedet worden. Die Fotografin lehnt zu einfache Effekte, nicht eindeutige Körperhaltungen und zufällige Deformationen ab. Ihr Partner verstellt die Projektoren, senkt die Filter. Und dann kommt der Moment der Sättigung, in dem das Modell dem Leben und der Idee, die sie vom Bild hatte, angemessen erscheint. Dann taucht sie in die Nacht ihres schwarzen Vorhangs ein, öffnet langsam das Objektiv, das zum Glück gefügiger ist als ihr Blick.«

Ausbeute dieser Sitzung ist eine wunderbare Aktfotografie: *Assia und der Schatten*. Die Pose ist natürlich; nur die beunruhigende und deformierte Reichweite des Schattens verleiht dem Bild eine beängstigende Dimension. Während andere Fotografen Assias Körper durch Pose und Lichtverhältnisse idealisieren, beschwört Dora Maar Eros und Sinnlichkeit über alle körperlichen Reize des Modells hinaus.

Einige dieser Aktaufnahmen wurden 1935, an der Seite namhafter internationaler Fotografen, in dem Bildband »Formes nues« (Nackte Formen) veröffentlicht.

Assia war nicht das einzige Aktmodell Doras. Weitere Nacktfotos entstanden für Schönheits- und Erotikmagazine. Jahre später fotografierte sie auch befreundete Künstler in verführerischer Pose. Léonor Fini posierte anschmiegsam in Seidenstrümpfen, Jean-Louis Barrault nicht minder sinnlich im Schlüpfer. Ausgerechnet die Surrealisten ließen die Hüllen nicht fallen. André Breton, Paul Éluard und Jean Cocteau setzten sich für sie erstaunlich konventionell in Pose.

»Wissen Sie, ich lebte mein Leben«

1934 trennten sich Kefer und Maar. Warum? Man weiß es nicht. Stahl er ihr die Lorbeeren? Die atmosphärischen Fotografien aus Spanien und London tragen den gemeinsamen Stempel, obwohl Dora – so betonte sie in dem Interview mit Combalía – allein nach Spanien gereist war.

In ihrem Nachlaß tauchten auch Fotos von den Kapverdischen Inseln und aus Rio de Janeiro auf; letztere von einem Frachtschiff aus aufgenommen, Ende der 20er Jahre. Datierung und Lokalisierung fallen diesmal – wie sonst! – nicht schwer. Man kann den Zuckerhut erkennen, und alle Bilder sind mit *Dora Markovitch* gestempelt. Erst zu Beginn der 30er Jahre verkürzte sie ihren Namen auf Maar. Dora Maar.

Victoria Combalía fragte sie, ob die Reisen nach Spanien und London nicht ungewöhnlich für eine so junge Frau gewesen seien. Anstatt auf die viel weiteren Reisen Jahre zuvor zu verweisen, meinte Dora nur lachend: »Ich war schon 25 Jahre alt, wissen Sie, ich lebte mein Leben ... wir waren doch nicht mehr im 19. Jahrhundert.« Tatsächlich waren weite Reisen in den 30er Jahren nichts Außergewöhnliches mehr. Mit zunehmender Technisierung erschlossen sich immer mehr Länder und damit auch ein neuer Markt für Reisedokumentationen. Diese ließen sich leicht an Illustrierte verkaufen und sicherten die an sich unbeständige Existenzgrundlage der Fotografen. Einer der ersten, der davon profitierte, war Doras Freund und Kollege Henri Cartier-Bresson, der zielstrebig zunächst Kamerun, dann Europa und schließlich die ganze Welt bereiste. Fortan versuchten immer mehr Fotografen ihr Glück in der Fremde. So auch Dora Maar. 1932 machte sie sich auf den Weg nach Katalonien. Trotz der Empfehlung des Kunstkritikers Georges Charensol reiste sie nicht in den Küstenort Sant Feliu de Guixols, sondern ins pittoreske Tossa de Mar. Schon damals war das kleine Städtchen an der südlichen Costa Brava ein touristisches Kleinod. Vielleicht hat Dora Maar sogar die direkte Busverbindung von Paris genommen, die in den 30er Jahren eingerichtet worden war. Chagalls Arbeiten hatten Tossa den Ruf als Künstlerkolonie eingetragen. Ihre Fotografien von dort glaubte Dora Maar verloren. Combalía erzählte sie, daß die Aufnahmen wegen des starken Sonnenlichts »verschleiert« waren. Sie irrte sich. Die atmosphärischen und technisch einwandfreien Bilder tauchten in ihrem Nachlaß auf.

Von Tossa aus fuhr sie nach Barcelona weiter, wo sie im berühmten *Orient Hotel* im Herzen der Ramblas wohnte. Mit ihrer Kamera, einer Rolleiflex 9–12, streifte sie durch die engen Gassen der Elendsviertel von Barcelona. Wie Man Ray und Cartier-Bresson – beide Meister der Straßenfotografie – hatte auch sie ein Auge für die Intimität der Trostlosigkeit und Armut in den Städten, für die Straßenkinder und die Bettler. Allerdings ist der abgelichtete Mensch für sie nicht Objekt, sondern Spiegel seiner Seele. Ihr Zugang ist sensibler, menschlicher. Sie ist keine Diebin des Augenblicks. Sie ergreift nicht einfach den Moment des Elends, wie er sich ihr unmittelbar darbietet. Man spürt, daß sie sich »dem großen Glanz aus Innen«, wie Rilke die Armut definierte, zuwendet. Sie hält nicht das ertappte, erschrocken in die Kamera starrende Gesicht fest. Vielmehr spiegelt sich in den Mienen die Seele der Armut wider. Diese Bilder, sagte Dora Maar in dem Interview mit Victoria Combalía, habe sie für sich gemacht.

Im Winter 1935 fuhr Dora Maar – wahrscheinlich auch ohne Auftrag – in die französischen Alpen. Mit Freunden und Louis Chavance machte sie sich auf den Weg zu einem Kohlenbergwerk unter freiem Himmel. Der Montparnasse-Bohémien und Surrealistenfreund Marcel Duhamel hat den gemeinsamen Ausflug mit »der unbeirrbaren und beharrlichen« Dora in seiner Chronik »Raconte pas ta vie«[12] (»Erzähl nicht dein Leben«) festgehalten:

»›Ich versichere euch, ich kann sehr gut da hinaufsteigen‹«, sagt uns Dora Maar mit ihrer außergewöhnlichen, gurrenden Stimme. ›Aber du hast noch nie Skier unter den Füßen gehabt‹, erwidert Maurice Baquet, ein bißchen beunruhigt, ›bist du dir bewußt, daß es 2300 Meter hoch ist. Und zu Fuß muß man das erst einmal schaffen!‹ ›Na und, ihr werdet mir helfen. Also.‹ Dickköpfig ist sie. Aber sie hat recht. Kaum hatten wir von einer Kohlengrube unter freiem Himmel erfahren, witterte sie sofort die Reportage. Mit ihrer Kameraausrüstung bewaffnet, hielt sie nichts mehr, mit uns hoch bis nach Alpe zu kommen. Dora in ihrem Seehundmantel! Sie ist erst vor zwei Stunden angekommen. Louis Chavance hat sie mitgebracht. Chavance hält sich mittlerweile mehr bei den Dancings auf als bei den *Cahiers du Cinéma*. Er steckt immer im *Coliseum* und erinnert mehr an einen mondänen Tänzer als an einen Intellektuellen.

12 Marcel Duhamel: *Raconte pas ta vie.* Paris 1972. S. 355 f.

Aber das eine schließt das andere nicht aus. Ist es wirklich Chavance, der Dora mitgebracht hat – oder umgekehrt? Sie ist Fotografin. Vielleicht haben wir sie vor ihm kennengelernt. [...] So stehen wir also am Morgen am Fuße der Grandes Rousses: Maurice Baquet, Chavance, Dora und ich. Die Beharrlichkeit von Dora setzt uns schließlich in Bewegung. [...] Sie schwitzt Blut und Wasser. [...] Der Abstieg ist ein ganz anderes Problem. Nach zwölf Stürzen ist Dora völlig erschlagen. Baquet, der Kleinste unter uns, trägt sie auf seinem Rücken bis nach unten. Zwei Stunden lang. Wir wußten, daß er kräftig und ein ausgezeichneter Skiläufer ist, aber jetzt hält er uns in Atem.«

Doras Engagement auf unterschiedlichen Gebieten zahlte sich aus. Ihre Bilder wurden in Fachzeitschriften veröffentlicht und in verschiedenen Gruppenausstellungen gezeigt. Ihre erste Einzelausstellung fand 1932 mit Bildern aus Spanien in der Buchhandlung *Vanderberg* in Paris statt.

Nachdem Adrienne Monnier und Sylvia Beach, die Besitzerinnen der legendären Buchhandlungen *La Maison des Amis des Livres* und *Shakespeare & Company*, die Wände mit Fotografien, u. a. von Man Ray und Gisèle Freund, dekorierten, wurde aus der Idee eine Institution. Vor allem die kleinen Buchhandlungen ahmten das Modell nach, in der Hoffnung, mit der in Mode kommenden Fotografie einen größeren Kundenkreis anzuziehen. Gleichzeitig trugen sie dazu bei, die Fotografie als Kunst einer breiteren Öffentlichkeit zu präsentieren.

Für die damaligen Verhältnisse war Dora Maar sehr erfolgreich. Längst nicht alle Fotografen konnten eigene Arbeiten ausstellen, geschweige denn davon leben. Henri Cartier-Bresson war eine Ausnahme. Was weiß der 91jährige von Dora zu erzählen? Nur: wie ihn kontaktieren? Interviews gibt er seit Jahren nicht mehr. Über *Magnum*, der 1947 u. a. von Robert Capa und Henri Cartier-Bresson gegründeten internationalen Bildagentur, bat ich per Fax am 10. Februar 1999 um ein Interview. Bereits einige Stunden später lag die Antwort vor. Der Handschrift zufolge hatte sie seine Lebensgefährtin, Tochter oder Assistentin in seinem Auftrag geschrieben. Der Brief ist erstaunlich persönlich formuliert und zitiert Doras alten Freund. Er erinnere sich noch sehr genau an die *Café-Cremistes du Dôme* (die Milchkaffeeschlürfer des berühmten Pariser Cafés). Doch er bedaure, daß sich seine »Erinnerungen in der Nacht der Zeit verlieren, obwohl das Parfum der Freundschaft für immer bleibt«. Wunderbar! Er wünsche, »daß die Arbeit von Dora Maar gewürdigt und daß ihr zu Bekanntheit verholfen wird«. Bedauerlicherweise »ist eine persönliche Begegnung nicht möglich«. Doch allein: »die Milchkaffeeschlürfer« …

Offenbar gehörten die beiden zu den Eingeweihten der Cafés am Montparnasse. Vornehmlich des *Dôme*. Dort trafen sie auf Surrealisten, Literaten und Maler. Bloß keine Fotografen! Davon gab es zu viele und zuwenig Aufträge. Zumal sich Maar und Cartier-Bresson der Malerei immer noch verpflichtet fühlten. Als er nach 50 Jahren die Kamera aus der Hand gelegt und statt dessen nach dem Pinsel gegriffen hatte, sagte Cartier-Bresson, daß er sich beim Fotografieren dankbar, beim Zeichnen jedoch verantwortlich fühle. Die Realität sei ein gedeckter Tisch, von dem der Fotograf sich nur bedienen müsse.[13]

»Die Zeit ist gekommen, uns alle wie Herren zu verhalten und die Knechte des Kapitalismus physisch zu vernichten«[14]

Dora Maars Auftragsarbeiten für Mode und Werbung sind auch Zeichen des Wirtschaftsaufschwungs nach den finsteren Kriegsjahren. 1918 atmete Paris wieder auf. Kommerz und Vergnügen florierten. 1930 ging's prompt wieder bergab. Weltwirtschaftskrise. Die Arbeitslosigkeit stieg erheblich, die sozialen Gegensätze verschärften sich. Entsprechend wandelte sich auch das literarisch-intellektuelle Klima in Paris. Die Unzufriedenheit mit den Verhältnissen führte zur Gründung zahlreicher linksradikaler Vereinigungen, die mit dem bisherigen politischen System brechen wollten. 1931 bildete sich der *Cercle communiste démocratique*. Künstler, Publizisten und Intellektuelle trafen sich im Café *Bel Air* und redeten sich über die Oktoberrevolution und Freuds Psychoanalyse die Köpfe heiß. In dem kleinen, verrauchten Café tauchte auch Dora auf. Sie war eine von vier Frauen in dem Kreis, zu dem auch Lise Deharme gehörte. Die Autorin parasurrealistischer Phantasien hatte sich

13 Peter Sager: *Augen des Jahrhunderts. Begegnungen mit Fotografen*. Regensburg 1998. S. 57f. Sager traf Cartier-Bresson 1981.

14 Georges Bataille.

wenige Jahre zuvor um André Breton bemüht. Nach anfänglicher Begeisterung ließ er jedoch bald wieder von ihr ab. Hatte er gemerkt, daß Lise – damals noch Lise Meyer – nicht nur bildhübsch, sondern vor allem berechnend war und sich mehr von ihm als Kopf der Surrealisten denn als Mann versprochen hatte? Mitte der 40er Jahre kam Lise Deharme dennoch auf ihre Kosten. Ihr Salon wurde Mittelpunkt der Pariser Künstlerszene. Sie war es auch, die Dora als Picassos Freundin hoffähig gemacht und ihren Anspruch als *Maîtresse en tître* forciert hatte.

So schnell wie linke Gruppierungen aus dem Boden sprossen, so schnell gingen sie auch wieder ein und machten neuen, noch radikaleren Platz. So auch der *Cercle communiste démocratique*. Längst nicht alle Mitglieder waren Kommunisten – auch Dora nicht. Ihre Ansichten waren zuweilen so unterschiedlich, daß Konsens sowieso kaum möglich schien. Oft waren es noch nicht einmal konkret politische Themen, die zu lauten Diskussionen führten, sondern die unterschiedlichen Lebensanschauungen, die sich unter dem Kommunismus zu bündeln glaubten. Philosophie, Kunst und Literatur wurden nicht, wie in anderen ultralinken Gruppierungen, als bourgeois geächtet, sondern als Spitze denkbarer Lebensintensität gepflegt. Man wollte sich vom Proletenkult abheben. Für die junge Maar spannend und lehrreich.

Neben dem *Cercle communiste* besuchte sie 1933/34 auch die Versammlungen der ultralinken Gruppierung *Masses*, die sich in einem kleinen Saal in der belebten Rue Moufftard traf. Auch hier blieben die hitzigen Wortgefechte ohne Wirkung, blieb die gleichnamige Zeitschrift vom Zielpublikum, den Arbeitern, ungelesen. Für Dora wurden die Treffen in anderer Hinsicht bedeutsam. Hier lernte sie Georges Bataille kennen. Der zehn Jahre ältere Schriftsteller mit dem melancholisch ernsten Gesicht war in den Pariser Kreisen für seine erotischen Obsessionen und eigenwilligen Lebensanschauungen bekannt. Dora störte es nicht, daß er verheiratet war und ein Kind hatte. Seitensprünge waren weder etwas Ungewöhnliches noch Ehrenrühriges. Jedenfalls nicht in diesen Kreisen. Und für Bataille waren sie Teil seiner Weltanschauung. Wie sonst sollte man je zum eigentlichen Sein vordringen, wenn nicht durch Sex? Aber hat er das wirklich ausgelebt, was er in seinen Schriften pries? Wegen Mord, Inzest und Nekrophilie wurde er jedenfalls nicht verurteilt.

Was hat ihn an Dora gereizt? Hübsch waren viele Frauen. Aber sie neigte zum Mystischen. Katholisch erzogen, hatte sie als junges Mädchen bereits Eliphas Levi gelesen, den großen Mystiker des 19. Jahrhunderts. Doch im Gegensatz zu Bataille ersetzte ihr die Mystik nicht die Religion. Das ultralinke Gebaren überschattete ihren Glauben nur kurzfristig. Bataille hingegen sah in der Überwindung Gottes die einzige Chance, zum »eigentlichen Sein« zu gelangen. In welchem Maß seine Philosophie, die auf reine Libertinage gründet und das Lustprinzip verabsolutiert, auf Dora gewirkt hat, läßt sich heute schwer sagen. Die Kunsthistorikerin Mary Daniel Hobson[15] hat 1998 im Rahmen ihrer Doktorarbeit das fotografische Werk Maars analysiert und Parallelen zu Batailles Philosophie gezogen. Sie bezieht sich unter anderem auf eine Fotografie, die Maar zwischen 1932 und 1935 aufgenommen hat: sieben Plastikaugen, die an Stäbchen aufgespießt im Moder stecken. An dieser Position macht Hobson die Nähe zu Bataille fest. Ganz im Sinne des Dichters seien die Augen vom Kopf, dem Zentrum des

15 Mary Daniel Hobson: *Blind insight: Three Routes to the Unconscious in the Photographs of Dora Maar*. The University of New Mexico 1996.

menschlichen Bewußtseins, gelöst und in den Matsch gesteckt. Für Hobson versinnbildlicht der feuchte Erdboden die »niederen Organe«. Erleben findet in der Philosophie Batailles am Ort des »eigentlichen Seins« des Menschen statt: in den Genitalien, tiefer: in den Exkrementen. Drastisch demonstriert Bataille diese Verbindung in der »Geschichte des Auges« von 1928. Im letzten Kapitel des Romans werden einem Priester, der bei einer Sexorgie ums Leben gekommen ist, die Augen herausgerissen, um sie den Genitalien der Protagonistin einzuführen.

Die Beziehung dauerte gut ein halbes Jahr. Sie blieben freundschaftlich verbunden. Regelmäßig sahen sie sich bei politischen Veranstaltungen. Kaum hatte der *Cercle communiste démocratique* aufgehört zu existieren, gründete Bataille *Contre-Attaque*. Wieder eine in ihrer politischen Wirksamkeit bedeutungslose, dafür aber in der Besetzung hochkarätige Gruppierung. Neben Schriftstellern und Schauspielern engagierten sich auch die Surrealisten André Breton, Georges Hugnet und Yves Tanguy im neuen Kampfverband. Und natürlich auch Dora Maar. Sie hatte erst kurz zuvor das Flugblatt »Als die Surrealisten noch recht hatten« unterschrieben. (Jenes Papier, in dem Breton endgültig mit den Kommunisten brach.)

»Das Problem der Frau ist auf dieser Welt das wunderbarste und beunruhigendste«[16]

Frauen haben nie wirklich zum engen surrealistischen Kreis gezählt. Zeitgenössische Geisteswissenschaftlerinnen werfen Breton sogar unterschwelligen Frauenhaß vor. Tatsächlich hat die Mystifikation des Weiblichen eine gleichberechtigte Integration in die Gruppe nahezu ausgeschlossen. Daß Frauen an den eigentlichen surrealistischen Aktivitäten nicht beteiligt waren, heißt aber nicht, daß man sie nicht als Künstlerinnen akzeptierte. »Es war genau das, was ich bei den Surrealisten so geschätzt habe, nämlich daß sie die Frauen so ernst nahmen«, erinnerte sich Dora Maar. »Wenn sie Talent hatten, hörte man ihnen aufmerksam zu, und sie wurden geschätzt. Gerade Breton nahm das alles sehr ernst.«[17]

Dennoch blieb der Surrealismus eine rein männliche Angelegenheit. So wie der Krieg. Ohne den Ersten Weltkrieg, den Breton, Aragon, Éluard, Péret und Soupault als junge Studenten in seiner ganzen Grausamkeit erlebt hatten, wäre die Bewegung nicht entstanden. Sie versteht sich als Reaktion auf den »Abscheu vor dem Krieg, vor dem Defätismus«, wie Breton 1934 in »Was ist der Surrealismus« erklärt: »Für uns gab es nur eine Möglichkeit: eine unwahrscheinlich radikale, schonungslose, durchgreifende, keinen Lebensbereich auslassende Revolution. [...] Ohne Kenntnis dieser Auffassung könnte man den Entwicklungsgang des Surrealismus und das Tun seiner Anhänger nie verstehen.«[18]

16 André Breton.

17 Dora Maar im Interview mit Victoria Combalía 1994.

18 André Breton: *Qu'est-ce que le surréalisme?* Brüssel 1934. Zit. nach Maurice Nadeau: *Geschichte des Surrealismus.* (Paris 1945) Hamburg 1965. S. 13.

André Breton, Louis Aragon und Philippe Soupault – die Surrealisten der ersten Stunde – kamen als Medizinstudenten im Ersten Weltkrieg mit Freuds Theorien des Unbewußten in Kontakt. Im Centre psychiatrique de la IIIième Armée von Saint Dizier, wo Breton stationiert war, wurde bereits die Technik des Traumprotokolls und das Aufzeichnen freier Assoziationen angewendet.

Sigmund Freuds Entdeckung des irrationalen Unbewußten erschütterte das Korsett der obrigkeitshörigen und vernunftbetonten Gesellschaft. Und genau darum ging es den kriegsmüden jungen Männern. Sie gingen noch einen Schritt weiter. Während Freud das Unbewußte dem Bewußtsein unterordnet, waren für die Surrealisten beide Bereiche gleichrangig.

Im »Manifeste du surréalisme« legte André Breton 1924 den theoretischen Grundstein. Er definiert Surrealismus als »reinen psychischen Automatismus, durch den man mündlich oder schriftlich oder auf jede andere Weise den wirklichen Ablauf des Denkens auszudrücken sucht«.[19] Die Surrealisten faßten ihre Bewegung nicht als eine neue Kunstrichtung auf, sondern als einen Weg, um zur Erkenntnis des Unbewußten zu gelangen. Der »psychische Automatismus«, der Mittel und Zweck zugleich sein sollte, ist die Umkehr jedes bewußten Verhaltens, z. B. durch Traumprotokolle.

Reihenweise versetzten sich die Surrealisten bei ihren alltäglichen Sitzungen in schlafähnliche Zustände. Ende 1922 »brach eine Epidemie der Schlafzustände unter den Surrealisten aus. [...] Im Kaffeehaus, mitten im lauten Stimmengewirr, bei der strahlendsten Beleuchtung, trotz der sich drängenden Gäste, braucht Robert Desnos bloß die Augen zu schließen,

19 André Breton: *Die Manifeste des Surrealismus*. Hamburg 1990. S. 26.

und schon schwimmt er ab und redet in Trance […], ergeht sich im Nu in Weissagungen oder schlägt den Ton des Magiers an, gibt Offenbarungen von sich, predigt die Revolution […].«[20]

Man war schon einiges von den Surrealisten gewohnt. Selbst Schlägereien. Hier nun wollten die Kulturrevolutionäre friedlich demonstrieren, daß der Traum eine Möglichkeit ist, zu den Tiefen des Unbewußten vorzudringen. Der Träumende befindet sich ganz im Einklang mit sich selbst, da er nicht mit Bewußtseinsinhalten der empirischen, nach Gesetzen der Logik geordneten Welt konfrontiert wird. Breton brachte dies 1926 in »Le dernier jugement« (Das unmittelbare Urteil) auf die Formel:

Bilde deine Augen, indem du sie schließt.

Das alles blieb nicht ohne Wirkung auf Dora Maar. Fotografie setzt immer einen gewissen Voyeurismus voraus. Aber sie wollte mit ihren Bildern nicht zeigen, was sie sah, sondern was hinter und über der Realität liegt. Sie griff die Idee, daß die eigentliche Erkenntnis hinter den Augen, nämlich im Unbewußten liegt, in ihren Arbeiten wieder auf. Ihre Bilder zeigen Menschen, die nicht sehen können, entweder weil sie die Augen schließen, weil sie blind sind oder aber weil ihnen die Sicht versperrt ist. Anstatt den Blick in die Kamera zu werfen, wenden ihre Modelle den Blick nach innen.

So wie der Junge mit unterschiedlichen Schuhen auf der gleichnamigen Fotografie von 1933 (*Garçon aux chaussures dé-*

20 Unter dem Titel *Une Vague de rêves* (Eine Flut von Träumen) veröffentlichte Louis Aragon 1924 eine Bestandsaufnahme aller bis dahin bekannt gewordenen Leistungen der Surrealisten. In: Commerce, Herbst 1924. Vgl. Nadeau, *Geschichte des Surrealismus*, S. 55.

pareillées). Mit verschlossenen Augen lehnt ein Knabe an einer Wellblechmauer. Die Gegend armselig, die Beine des Kindes merkwürdig verrenkt, die Schuhe unterschiedlich. Der Blick des Betrachters wird von etwas angezogen, das nicht sichtbar ist. Die verschlossenen Augen des Jungen führen zu einer inneren Welt, zu der wir keinen Zugang haben – außer durch unsere Phantasie. Welche Enttäuschung sich hinter den zu Fäusten geballten Händen verstecken mag und in welche Traumwelt der Junge sich verstiegen hat, können wir nur ahnen.

Ähnlich die Fotografie aus dem Jahr 1935: *L'homme sandwich* (Der Sandwich-Mann). Auf den ersten Blick erkennt man einen Würstchenverkäufer. Doch beim zweiten Hinsehen ändert sich die Perspektive. Der uniformierte und damit anonymisierte Mensch tritt zurück und dadurch das Individuum in Erscheinung. Der Mann ist weit davon entfernt, die Würstchen anzupreisen. Verzückt hält er die Arme angewinkelt und den Oberkörper nach hinten gebeugt. Er scheint sich mit seiner Haltung aus dem realen Geschehen herauszulösen. Auch er hat die Augen geschlossen.

Nachhaltig sollte aber ein Bild ihren Ruhm als surrealistische Fotografin begründen: *Père Ubu* (Vater Ubu).

Alfred Jarry hat mit *Ubu roi* 1896 eines der größten und streitsüchtigsten Monster der Theatergeschichte geschaffen und gilt seitdem als Vater des modernen Antitheaters. Ohne seinem Namensgeber zu ähneln – Jarrys Ubu ist König, also Mensch; Maars Ubu ein Halbwesen zwischen Mensch und Tier, Fötus und Kadaver –, spiegelt sich in Maars beängstigender Kreatur das Wesen von Jarrys Antiheld wider: Es ist tierisch, abstoßend und lächerlich zugleich. Die Surrealisten hatten 20 Jahre nach der skandalösen Uraufführung von *Ubu roi* den triebhaften und anarchistischen Titelhelden für sich entdeckt. Noch bevor sie ihm ein Programmheft widmeten, schuf Dora Maar ihr sonderbares Meisterwerk. Warum wurde ihre Fotomontage nicht in das Heft mit verschiedenen Karikaturen von Ubu aufgenommen? Stach es durch seine Abnormität derart heraus, daß die Surrealisten befürchten mußten, Doras *Ubu* stehle ihnen die Show?

Tatsächlich wurde sie mit *Père Ubu* zu den beiden großen surrealistischen Ausstellungen nach London (*The New Burlington Galleries*, 1936) und Amsterdam (*Galerie Robert*, 1937) eingeladen.[21]

Das Geheimnis um den monströsen Zwitter nahm sie übrigens mit ins Grab. Bis heute ist ungeklärt, was sich dahinter verbirgt. In dem Interview mit Combalía verriet sie nur so viel: »Es handelt sich um ein echtes Tier, aber ich sage nicht, welches, damit es sein Mysterium bewahrt!«

Zum intimeren Kreis der Surrealisten hatte Dora Maar nie gehört. Sie war weder Freundin, Geliebte noch Ehefrau. Und gerade diese Unabhängigkeit kam dem surrealistischen Ideal nahe. Eine Szene, die sich 1936 im *Cyrano* ereignete, könnte Bretons Roman »Nadja« entnommen sein. Die Surrealisten saßen im Café an der Place Blanche, unweit von André Bretons Haus in der Rue Fontaine, zusammen und lauerten wie immer auf eine ungewöhnliche Begebenheit, als Dora Maar das Café betrat. Die jungen Männer waren sofort außer Rand und Band. Doras lang gewordenes Haar hing ihr wild ins Gesicht, »gleich einer

21 Bis zu ihrem Tod wurde *Père Ubu* noch in über sieben Ausstellungen auf der ganzen Welt gezeigt. Heute befindet sich einer der raren Abzüge im Centre Georges Pompidou in Paris. Der frz. Staat nutzte bei der Auktion am 20. November 1998 sein Vorkaufsrecht und ersteigerte *Père Ubu* für 350 000 Francs.

kurz vor dem Ertrinken Geretteten«.[22] Was weiter geschah, berichtet Marcel Jean nicht. Ihn interessiert in seiner »Geschichte des Surrealismus« allein der Auftritt und der emphatische Empfang durch die Surrealisten. Es scheint, als hätte für wenige Momente der Geist von Nadja den Raum erfüllt. Die »umherirrende Seele« Nadja, eine Person, der Breton begegnet war, blieb selbst für ihn rätselhaft: »Was ist das Außergewöhnliche, das sich in ihren Augen bewegt? Was spiegelt sich darin zugleich dunkel und leuchtend, an Herzensangst und Stolz?«[23] Die Beschreibung Nadjas trifft im Kern viele Porträts, die Picasso Jahre später von Dora Maar anfertigte. War Dora für Breton und Compagnie einer jener »ungebundenen Geist(er), die sich durch eine gewisse Magie für einen Augenblick binden können, die man sich aber fraglos nicht unterordnen könnte«?[24] Wie Nadja wurde auch Dora Maar Jahre später in eine psychiatrische Anstalt eingewiesen. Nadja hatte sich anscheinend »in den Gängen ihres Hotels Überspanntheiten geleistet, in deren Folge sie in die Anstalt von Vaucluse gebracht werden mußte«.[25] Dora wurde 1945, nachdem man sie angeblich nackt im Treppenhaus gefunden hatte, in die Nervenheilanstalt Sainte Anne eingeliefert. Das ahnte zu dem Zeitpunkt noch niemand. Die Surrealisten verehrten sie als »wertvolle Freundin, stark, schön und sanft, deren Eindruck von Größe, Reinheit und Vernunft uns auf ewiglich bleibt« (Paul Éluard), als »entzückende Angebetete« (Man Ray), die sie »alle Zeit sehen, sie anbeten, sie umarmen und küs-

22 Marcel Jean: *Geschichte des Surrealismus.* (Paris 1960) Köln 1968. S. 279.

23 André Breton: *Nadja.* (Paris 1928). Baden-Baden 1960. S. 49.

24 Ebd, S. 89.

25 Breton weiter: »Andere als ich werden in ganz unnützer Weise diese Tatsachen zur Kritik benützen, und sie wird ihnen sicher als die verhängnisvolle Folge all des Vorausgegangenen erscheinen.« Ebd, S. 103.

sen« (Pierre Reverdy) wollen. Solche und viele andere zärtliche Bemerkungen stammen aus Briefen und Büchern, die in Maars Nachlaß gefunden wurden.[26]

Darunter war auch eine Tintenzeichnung des Malers und Surrealisten Yves Tanguy und drei handschriftliche Nachrichten:

»Ich möchte wirklich keine Sprüche machen, aber ich versichere Dir, daß ich zu ersticken drohe. Noch irgend etwas, und sei es, Dich nicht zu sehen, versetzt mich in schreckliche Angst. [...] Jetzt bedauere ich wirklich, Dir nicht den Brief gegeben zu haben. Ich konnte nicht gehen, ohne Dir auf Wiedersehen gesagt zu haben. [...] Sei bitte wegen der Kinderei nicht böse. [...] Warum hat Dora mich so beschämend erniedrigt ? Ich kann doch nichts dafür. I love you. I like you. [...] Der kleine Yves, der Euch liebt.«

Was hat es mit Dora Maar und ihrer »ganzen Schönheit« (Paul Éluard) auf sich? Hat sie die Surrealisten als Frau nicht gereizt? Umgekehrt muß man fragen, inwiefern die Surrealisten für Dora Maar als Männer interessant waren.

Die Distanz, die in den Briefen und Widmungen zum Ausdruck kommt, war nicht nur eine surrealistisch ambitionierte, sondern eine real existierende. Der schwärmende, fast vergötternde Ton schuf keine Nähe. Die Surrealisten fanden nicht wirklich Zugang zu ihr. Trotz ihres leidenschaftlichen Engagements in der Politik und in der Fotografie schien Dora etwas Flüchtiges an sich gehabt zu haben. Vielleicht ist in diesem Sinne auch folgender Brief Batailles zu verstehen, der den Eindruck ihrer Unnahbarkeit verstärkt:

26 Auktionskatalog *Les Livres de Dora Maar. Autographes et Documents. Paris 29 octobre 1998.*

»Du wußtest […] sehr wohl, daß Dein Brief mir weh tun würde: Ich kann nicht wissen, ob er endgültig ist. Die wenigen Worte, die Du an mich richtest, sind so brutal. Ich kann nicht anders als erschrocken sein über all das Zerbrechliche in Dir, das jeder Laune ausgesetzt ist. Du kannst nicht wissen, was Du wirklich liebst, obgleich Du nichts wirklich liebst und so alles verlorengeht […]. Ich bitte Dich inständig, mir schnell zu antworten.«

Leider ist dieser Brief undatiert und wurde im Auktionskatalog nur in Auszügen zitiert. War es seine Antwort auf ihren Abschiedsbrief? Hat tatsächlich sie ihn, den polygamen Rigoristen, verlassen?

Ganz brach der Kontakt nicht ab. Der gemeinsame Kampfgenosse und Surrealist Michel Leiris schrieb am 7. Januar 1937 in sein Tagebuch: »Sah Bataille mit der hübschen und sympathischen Dora Maar.«[27] Waren sie als Freunde oder Kampfgenossen unterwegs? *Contre-Attaque* auf jeden Fall zerbrach wenige Monate später kampflos.

Und damit endete auch das politische Engagement Dora Maars. Auf jeden Fall in der Öffentlichkeit.

27 Michel Leiris: *Journal 1922–1989*. Paris 1992. S. 298.

Zweiter Teil: 1936–1943

»Die konvulsivische Schönheit wird [...] sein oder wird nicht sein«[28]

Wann sie sich tatsächlich kennengelernt haben, steht nirgendwo geschrieben. Als Anekdote ist nur ihre exzentrische Begegnung im *Deux Magots* (wahrscheinlich Ende 1935, Anfang 1936) in die Annalen der Kunstgeschichte eingegangen:

Als Picasso die grüne Eingangstür des *Deux Magots* aufstieß, lief sein Leben wieder in gewohnten Bahnen. Er hatte sich gerade von Olga, geb. Kokhlova, getrennt. An eine Scheidung war allerdings nicht zu denken. Die russische Ballettänzerin aus reichem Elternhaus wehrte sich mit Händen und Füßen. Doch Marie-Thérèse Walter, seine heimliche Geliebte, die er Mitte der 20er Jahre als junges Mädchen von 17 Jahren auf der Straße angesprochen hatte, blieb ihm erhalten, auch ohne Trauschein. Sie hatte ja die kleine Maya, kaum ein Jahr alt, als Pfand seiner Liebe. Anders als die weltgewandte Olga war die natürliche, robuste Marie-Thérèse offenbar mit allem zufrieden, solange Picasso sie so oft sah, wie er es wollte.

Picasso wohnte nun allein in der Wohnung in der Rue de la Boétie, unweit von den Champs-Elysées. Sein spanischer Freund Jaime Sabartés, ein Journalist, war auf Bitten Picassos aus Barcelona mit seiner Frau gekommen und half ihm im All-

28 André Breton: »Die konvulsivische Schönheit wird erotisch-verhüllt, berstend-starr, magisch und umstandsbedingt sein, oder sie wird nicht sein.«

tag. Vor allem galt es die Horde Galeristen und Bewunderer zurückzuhalten, die meist vormittags einfiel, wenn »der Meister« – ein Wort, das Picasso zutiefst verabscheute – noch im Bett lag. Und da Picasso lange im Bett blieb, weil er auch das Aufstehen verabscheute, bildete sich im Atelier ein regelrechter kleiner Hofstaat, was ihm gelegentlich gefiel, zuweilen aber auch ärgerte. Die, die er um sich haben wollte, sah er oft am Abend. Die Éluards, die Leiris, Braque oder Man Ray traf er im *Lipp*, *Le Flore* oder im *Deux Magots*, die Schauplätze der Avantgarde in Saint-Germain-de-Prés. Oft besuchte er alle drei Cafés, sah, wer da war, grüßte, blieb oder zog zum nächsten. Das bedurfte keiner Anstrengung, denn die Cafés, die damals anfingen, Montparnasse als Treffpunkt den Rang abzulaufen, sind nur wenige Meter voneinander entfernt. Das *Flore* und das *Deux Magots* liegen sogar direkt nebeneinander.

An diesem Abend also ging er direkt ins *Deux Magots*. Wahrscheinlich traf er den Dichter Paul Éluard und seine bezaubernde Frau Nusch, eine ehemalige Darstellerin im Grand Guignol, dem Sensationstheater der Vorstädte. Oder auch die Zervos. Christian Zervos war Herausgeber der *Cahiers d'Art* und arbeitete am Werkverzeichnis Picassos. Überliefert ist aber nur die Begegnung mit Dora Maar.[29] Die junge Frau saß, schwarz gekleidet, an einem Nachbartisch. Sie fiel ihm sofort auf. In ihrem ernsten, angespannten Gesicht leuchteten zwei dunkle bronzegrüne Augen und feuerrote Lippen. Doch ehe Picasso den kleinen Mund zum Lächeln verziehen konnte, zuckte er zusammen. Plötzlich stach die junge Frau ein kleines Handmesser aus gut 10 cm Höhe in den Tisch, genau zwischen ihre gespreizten Finger. Und wieder. Und wieder. Immer schneller. Nicht immer

29 Gilot, *Picasso*, S. 69.

traf sie daneben. Blut floß. Picasso war entzückt. Viel zu schnell war das Spiel vorbei. Dora zog das kleine, feine Messer aus dem Tisch und ließ es in ihrem Handtäschchen verschwinden. Sie verzog nicht einmal das Gesicht, als sie die vor Blut triefenden schwarzen Handschuhe abstreifte. Von den rosa applizierten Blümchen war nur noch die Umrandung zu erkennen. Sie legte sie sorgfältig aufeinander neben sich und hob den Kopf. Ihr Blick traf geradewegs die großen, schwarzen, faszinierten Augen Picassos. Ihr Gesicht verriet keinerlei Erregung, während seine runden Augen im schummrigen Licht des Saals aufblitzten. Da saß sie also, die konvulsivische Schönheit, die die Surrealisten vergeblich gesucht hatten. Erotisch-verhüllt. Berstend-starr. Magisch und umstandsbedingt. Picasso bat sie um ihre Handschuhe. Als er spät am Abend heimkehrte und sie in die Vitrine zu den anderen Erinnerungsstücken legte, erinnerte er sich wahrscheinlich, die junge Frau schon einmal gesehen zu haben.

War das nicht anläßlich der Pressevorführung des Films *Das Verbrechen des Monsieur Lange*? Er war mit Paul Èluard dort gewesen. Seit kurzem liebte er den Dichter. Von all seinen Freunden war Èluard derjenige, der das meiste Interesse und Verständnis für Picassos Malerei aufbrachte. Der geistreiche Èluard war ein Feind jeder Konvention. Er war es auch, der Picasso Dora Maar, die Jean Renoir als Standfotografin engagiert hatte, vorgestellt hatte.[30] Warum eigentlich? Weil sie Spanisch sprach? Oder weil Èluard sie als Künstlerin und Frau sehr schätzte? Doch kam es zwischen ihnen beiden nur zu einem belanglosen Wortwechsel.

30 Vgl. Combalía, *Vorwort*, S. 195.

Sie wiederzusehen war nicht schwierig. Éluard kannte sie schon länger, spätestens seit ihrem Engagement bei *Contre-Attaque*, außerdem traf man sie häufig in den Cafés von Saint-Germain-de-Prés. Und bei einer dieser Gelegenheiten wird sie ihn gebeten haben, ein Porträtfoto von ihm machen zu dürfen. Picasso erzählte Françoise Gilot, daß er sie dafür in ihrem Atelier besucht habe.[31]

Aus einem Treffen wurden bald mehrere. Es gibt eine zauberhafte Fotografie, die Dora von Paul und Nusch Éluard, dem englischen Künstler Roland Penrose und Picasso im Frühjahr 1936 in Boisgeloup gemacht hat. Zwischen Dora und Picasso »war bereits etwas vorgefallen«. Das behauptet der Biograph von Paul Éluard, Jean-Charles Gateau: »Es reicht, sich den Blick Picassos anzuschauen, den er habgierig und fasziniert auf die Fotografin richtet.«[32]

Dora war 29 Jahre, Picasso 55 Jahre alt. Nicht nur privat, auch beruflich stießen sie in dieser Zeit aufeinander. Die Galerie Charles Ratton in Paris stellte im März 1936 surrealistische Objekte aus: von Picasso die Konstruktion einer Gitarre aus Metall und von Maar das Foto des *Père Ubu*. Ihre Fotografie hing gegenüber von Picassos Objekt. Bereits im Sommer desselben Jahres gelangte ihr schauriges Bild in die Londoner New Burlington Galleries direkt an seine Seite.

31 Vgl. Gilot, *Picasso*, S. 69.

32 Jean-Charles Gateau: *Éluard, Picasso et la peinture*. Genf 1983. S. 21.

Im August 1936 fuhr Dora nach Saint-Tropez. Zur selben Zeit hielt sich Picasso in Mougins auf, mit Éluard. Diesmal machte er aus seinem Urlaubsort kein Geheimnis. Kaum angekommen, schickte er Sabartés einen Brief mit folgender Anweisung: »Mein lieber Jaime, ich reise nicht incognito. Du kannst jedem meine Adresse geben, der sie haben möchte.«[33] Wenige Monate vorher noch, als Picasso in Juan-les-Pins gewesen war, hatte der ergebene Freund Briefe nur an seinen Mutternamen, Pablo Ruiz, adressieren dürfen. Den Urlaubsort mit Marie-Thérèse und Maya hatte Picasso stets geheimgehalten. Im Sommer 1936 hatte er nichts zu verbergen.

Picasso gab als Adresse das *Hôtel Vaste Horizon* an. Der Name, Weiter Horizont, traf weniger auf die kümmerliche Herberge zu als auf Picassos Gemütsverfassung. Viel Ballast war von ihm gefallen. Die vertraute Umgebung seiner Freunde ließ ihn durchatmen. Nichts war mehr von der Unausgeglichenheit zu spüren, die seine Ferien mit Marie-Thérèse geprägt hatten. Er hatte sich in einer Schaffenskrise befunden. In einem Brief an Sabartés brachte er es ebenso deutlich wie launig zum Ausdruck: »Ich gebe die Malerei, Bildhauerei, Bildstecherei und das Dichten auf, um mich ausschließlich dem Gesang zu widmen.«

In Mougins sang Picasso nicht. Er wußte Dora in der Nähe. Und es dauerte nicht lange, bis sie an seiner Seite auf der Terrasse der Éluards unter Zypressen und Weinreben saß. Die eigentlich banale Angelegenheit, daß Picasso nach Saint-Tropez fuhr, um seine neue Freundin abzuholen, führt in zwei der

33 Jaime Sabartés: *Picasso.* (Madrid 1953) Frankfurt a. M. 1990. S. 149.

wichtigsten Biographien zu Unstimmigkeiten.[34] Beide Autoren, Roland Penrose und Pierre Daix, haben den Maler gekannt. Der Engländer Penrose stieß als junger Künstler zu den Surrealisten in Paris. Auf Einladung von Éluard verbrachte auch er den Sommer 1936 in Mougins. 22 Jahre später, seine Biographie erschien 1958 in London, war Penrose überzeugt, daß Picasso erst in Mougins von Doras Aufenthalt im Süden erfahren hatte. Daß Penrose die Begegnung für einen Zufall hielt, ist nicht so erstaunlich. Er gehörte damals nicht zu Picassos engsten Vertrauten. Und Picasso war stets zurückhaltend, was sein Privatleben betraf. Andererseits hätte ihm die langjährige Bekanntschaft mit Picasso lehren müssen, daß dieser nichts dem Zufall überließ.

Viel wahrscheinlicher erscheint hier die Behauptung von Daix, Dora und Picasso hätten die Fahrt in den Süden gemeinsam geplant und seien Doras Eltern wegen getrennt gereist. Beide Biographen können sich auf Gespräche mit Picasso berufen. Was allerdings wenig besagt.

Oft sind es seine Bilder, die mehr über sein Leben verraten. So wie die Tuschzeichnung vom 1. August 1936, die wenige Tage vor der Fahrt in den Süden entstand. Sie zeigt eine junge Frau in Reisekleidung, die eindeutig Doras Züge trägt. Mit einem Schlüssel in der Hand betritt sie die Unterkunft eines Wesens, das in der Picassoschen Mythologie schon lange zu Hause ist: sein Alter ego, der bärtige, mit einem Lorbeerkranz gekrönte Gott. Das Bild wird von Kunsthistorikern und Biographen als Eintritt Dora Maars in Picassos Leben gedeutet.

34 Pierre Daix: *La Vie de peintre Pablo Picasso*. Paris 1977. S. 268 f.
Roland Penrose: *Picasso. Leben und Werk.* (London 1958) Überarb. Fssg. München 1961. S. 271.

Wenn sie schon vor dem Sommerurlaub ein Paar waren, werden sie auch gemeinsam den Urlaub geplant haben und nicht zufällig in Saint-Tropez aufeinandergetroffen sein. Doch die Zeichnung sagt noch mehr über die Beziehung aus – zumindest aus der Sicht Picassos. Auf einem Bild, das einen Monat später entsteht (5. September 1936)[35] – Dora war bereits in Mougins – ist das Verhältnis eindeutiger. Einem Vergewaltiger gleich, hängt der Minotaurus wollüstig über einer nackten Frau mit weit gespreizten Beinen. Getreulich hat Picasso nicht nur die Gesichtszüge Doras gezeichnet, sondern auch ihre spitzen Fingernägel. Das Ungeheuer mit Menschenleib und Stierkopf aus der griechischen Mythologie dient nicht zum erstenmal der Selbstdarstellung. Er als absoluter Herrscher und sie als untergebene Geliebte? Phantasie oder Realität? Darf man, wie es die Kunsthistorikerin Brigitte Léal tut, die Bilder als »Ventil seines Seelenlebens« deuten?[36] Pierre Daix, der selbst immer wieder Parallelen zwischen Picassos Biographie und dessen Werk zieht, betont dagegen, daß der Versuch, Picassos Malerei als »intimen Herzenserguß« zu lesen, nicht dessen hehrer Idee von Malerei entspricht und noch weniger den »Schlichen seines Unterbewußten«.[37]

Die Frage der biographischen Auslegung eines Bildes stellt sich bei keiner anderen Frau so aggressiv wie bei Dora. Keine andere Geliebte hat derartige Deformationen im Werk durchmachen müssen wie sie. Doch um die Bilder zu verstehen, muß man ihre Geschichte kennen.

35 Dieses Bild befand sich auch im Nachlaß von Dora Maar. Der frz. Staat nutzte sein Vorkaufsrecht: *Dora et le Minotaure* hängt heute im Musée Picasso in Paris.

36 Gespräch mit Brigitte Léal in Paris am 12. März 1999.

37 Daix, *La Vie de peintre*, S. 280.

Picasso und Dora Maar verlebten einen wundervollen Sommer in Mougins. Noch konnten die Nachrichten des vom Bürgerkrieg zerfurchten Spanien die Stimmung nicht trüben. Picasso hielt die Freunde mit Mätzchen bei Laune. Viele, unter ihnen Man Ray, die Zervos und Bretons, meldeten sich zu einer Stippvisite an oder blieben mehrere Wochen. Immer wieder ging es ans Meer, zur Freude Doras, die so gern schwamm. Auf einem Ausflug entdeckten sie Vallauris, das zwischen Pinienwäldern, Olivenhainen und Lavendelfeldern eingebettete Töpferstädtchen. Jahre später zog Picasso mit Doras Nachfolgerin Françoise Gilot dorthin, und noch einige Jahre später lernte er seine letzte Ehefrau, Jacqueline Roque, dort kennen. Doch das schien zu diesem Zeitpunkt Ewigkeiten entfernt zu sein. Dora und Picasso waren frisch verliebt.

Hatte Picasso Dora gestanden, daß es außer ihr noch eine andere Frau gab? Und eine Tochter? Penrose schwärmt: »Auf einem langen Spaziergang am Strand entlang« hätte Picasso mit Dora »offen von den Komplikationen in seinem Leben und von seiner Tochter Maya« gesprochen. War Penrose dabei? Picasso wird es ihm kaum gesteckt haben. Für ihn, so schrieb er in einem Brief an Sabartés, war Penrose zu dem Zeitpunkt nur irgendein »Engländer«.[38] Außerdem scheinen lange Erklärungen über irgendwelche existentielle Komplikationen nicht seine Sache gewesen zu sein. Er malte. Er erklärte nicht. Und was war für Picasso kompliziert?

38 Penrose: »Eines Tages erlitt Picasso [...] einen Unfall, den er mit seinen Folgen in Briefen an Sabartès beschrieb. Ich selbst lenkte den Ford, auf dessen Rücksitz er saß.« Penrose, *Picasso*, S. 271. Am 29. August 1936 schreibt Picasso an Sabartés: »Vertraulich... Als ich neulich mit einem Engländer aus Cannes im Auto zurückfuhr, hatte ich einen Unfall, der mich ganz zermalt hat, so daß ich mich kaum rühren kann; ich bin zerschlagen, in Staub aufgerieben.« Sabartés, *Picasso*, S. 149 f.

»Sie ist eine geniale Fotografin«[39]

Während ihrer Zeit mit Picasso habe sie keine Fotos mehr gemacht, erzählte die 87jährige Dora Maar Victoria Combalía.[40] Sie meinte ihre künstlerische Fotografie, nicht die Dokumentationen seines Werkes. Picasso wurde Maars Hauptmotiv. Einige Aktaufnahmen von hübschen jungen Frauen für Frauen- und Erotikmagazine entstanden nebenbei.

In den meisten Picasso-Biographien wird Dora Maars schöpferische Tätigkeit auf die Fotografien seiner Bilder und Skulpturen reduziert.

Diese Genies strahlen zu grell, als daß nicht jeder, der mit ihnen zu schaffen hat, automatisch im Schatten steht. Der Schatten verstärkt das Licht.

Der Sommer in Mougins mit zwei Fotografen an seiner Seite hatte Picasso inspiriert. Er entdeckte (wieder einmal) die Fotografie für sich. Die Idee von Man Ray, Schatten von Gegenständen oder Geweben auf lichtempfindliches Papier zu werfen und sie dann fotografisch abzuziehen, die sog. Rayogramme, hatte es ihm angetan. Dora half mit ihrem technischen Knowhow, die neue Technik anzuwenden und zu erweitern. Sie selbst saß Modell. Picasso war begeistert von der Möglichkeit, mit Doras Medium neue Wege in der Malerei zu begehen. »Da kommt jemand daher und setzt sich an die Stelle des Auges, mit allen Risiken, die das mit sich bringt. Haben Sie noch nie eine lebende Kamera gesehen?« schrieb Man Ray[41], fasziniert von

39 Picasso.

40 Combalía, *Vorwort,* S. 196.

41 Man Ray in: *Picasso photographe.* Der Artikel erschien 1937 in den *Cahiers d'Art.* Zit. nach Anne Baldassari: *Picasso und die Photographie.* München 1997. S. 204.

Picassos Findigkeit und Geschick. Pierre Daix, der Picassos Schaffen aus der Distanz von 20 Jahren betrachtet, sieht hinter dieser Begeisterung des Malers aber noch einen anderen, tiefer liegenden Grund:

»In dem Moment, wo Picasso auf Doras Metier Einfluß nehmen kann – durch das Wissen von Man Ray –, tut er es sofort. Und macht Dora unmißverständlich deutlich: Ich kann mich deiner Kunst bedienen, um ein Porträt von dir zu machen. Das entspricht absolut seinem freundlichen Rivalitätsdenken. Es ist ganz klar, daß das Picasso inspiriert. Die Tatsache, daß eine Frau in sein Leben tritt, die Fotografin ist, und dazu noch eine sehr gute, mußte ihn erregen … äh, künstlerisch anregen.«[42]

Vermutlich sind die ersten Fotoarbeiten in Doras Atelier entstanden. In der Rue de la Boétie stand ihm nur eine Zimmerflucht als Atelier zur Verfügung. Der Weg zu Doras Studio war nicht weit. Die Rue d'Astorg ist eine der kleinen Seitenstraßen, die von der Rue de la Boétie abzweigen. Die Galerie seines Kunsthändlers Kahnweiler befand sich direkt neben ihrem Atelier. Bei Dora fand Picasso alle notwendigen Apparaturen und – noch viel wichtiger – ihre professionelle Unterstützung.

Sie unterstützte ihn. Und er? Picasso ermutigte sie, sich wieder mit der Malerei zu beschäftigen: »*Il faut continuer*«. Du mußt weitermachen. An diese Worte erinnerte sich die alte Maar fast 60 Jahre später. In dem Interview mit Victoria Combalía zeigte sie sich keineswegs verbittert darüber, daß sie die künstlerisch ambitionierte Fotografie zugunsten der Malerei aufgegeben hatte.

42 Gespräch mit Pierre Daix in Paris am 13. März 1999.

»Es gibt zwei Berufe, deren Angehörige nie zufrieden sind mit dem, was sie tun: die Zahnärzte und die Fotografen. Jeder Zahnarzt wäre lieber Arzt und jeder Fotograf lieber Maler. Brassaï ist ein sehr begabter Zeichner, Man Ray ein schlechter und rechter Maler, und auch Dora gehört in diese Tradition. In Dora Maar, der Fotografin, steckte eine Malerin, die danach lechzte, sich auszudrücken.«[43] So Picasso zu Françoise Gilot Jahre später.

Kaum erstaunlich, daß sie an seiner Seite wieder zu malen begann. Picasso *war* Malerei. Sein ganzes Wesen war eine einzige Inspiration. Und warum sollte man es nicht einmal andersherum sehen? Sie gab nicht die Fotografie auf, sondern hat sich auf dem Höhepunkt ihres schöpferischen Schaffens einem ursprünglicheren Medium zugewandt. Die Sache hatte nur einen Haken. Dora malte nicht originell. Sie malte epigonal. Daß Picasso das ahnte und nur neidisch auf ihren Erfolg als Fotografin war, dem widerspricht Pierre Daix vehement:

»Für Picasso hatte die Fotografie etwas ungeheuer Aufregendes. Und er war sicherlich nicht eifersüchtig, weder auf Dora noch auf Françoise. Mit Picasso leben und malen zu wollen ist sehr schwierig. Picasso war jemand, der mit einer solchen Leichtigkeit und Virtuosität alles anstellte – ich denke allein an all die Papierrisse und bemalten Streichholzschachteln, die er für Dora gemacht hat –, daß alle anderen sich ungeschickt vorkommen mußten. Ich glaube, das ist die Wirkung, die er auf alle ausgeübt hat, auf jeden Fall auf Braque. Umgeben von den Bildern Picassos, das muß für einen Maler ein Alptraum sein.«[44]

43 Gilot, *Picasso*, S. 69.

44 Gespräch mit Pierre Daix in Paris am 13. März 1999.

Die beunruhigende Wirkung, die von seinen Bildern ausgeht, war zunächst ganz anderer Natur. Dora war nicht sein einziges Modell; das wußte sie. Aber eine blonde junge Frau taucht ganz besonders häufig auf. Zumindest immer die gleichen lichten Farben und schwungvollen Formen, die ihren Körper umschmeicheln.

Picasso war in Marie-Thérèse' Jugend, ihre Frische, ihren sportlichen Körper und ihre Natürlichkeit verliebt. Er sah und malte sie immer wieder neu. Als Ambroise Vollard, sein Kunsthändler, ihm im Herbst 1936 ein altes Bauernhaus in Le-Tremblay-sur-Mauldre in der Nähe von Versailles als künstlerisches Refugium anbot, zögerte er nicht. Der kleine Ort bot mehr als nur Platz für seine Staffelei. In aller Heimlichkeit brachte er Marie-Thérèse und die kleine Maya, fernab von seiner Pariser Welt, dort unter. So hatte er beides. Dora in Paris, seinem sozialen und künstlerischen Umfeld ebenbürtig, intellektuell und aufregend. Marie-Thérèse mit Maya auf dem Lande, geduldig, liebevoll und genügsam.

Dora war dunkel, Marie-Thérèse hell. Buchstäblich bis ins Haar. Alles, was bei ihrer Konkurrentin schwungvoll ist, scheint im Kontrast bei Dora kantig und eckig. Aggressive und schreiende Farben bei ihr. Helle, zarte Töne bei Marie-Thérèse. Oft malte Picasso beide Frauen, die nur drei Lebensjahre voneinander trennten, in der gleichen Pose. Einmal am selben Tag (4. Dezember 1937). Oft gar noch in derselben Kleidung – empört über so viel Dreistigkeit, wird dies in vielen Biographien kolportiert. Pierre Daix und Roland Penrose erwähnen es nicht.

Berühmt ist das Diptychon von 1937, das man im Musée Picasso in Paris bewundern kann. Beide Musen sitzen in einem Lehnsessel, die eine Hand auf der Lehne, die andere stützt die

Wange. Dora hat nichts von der Harmonie, der Sorglosigkeit und Sensualität, die Marie-Thérèse ausstrahlt. Bei ihr sind alle Linien weich, alle Formen schwungvoll, alle Farben freundlich. Der Eindruck des Ganzheitlichen verliert sich bei Dora. Ihr Körper ist kantig, die Finger spitz und bedrohlich, die Farben grell. Allerdings finden sich die Streifen, die Marie-Thérèse' Kleid durchziehen und ihren kindlichen Charakter unterstreichen, auch auf dem Porträt von Dora wieder. Doch bei Dora stoßen sie aufeinander, bilden den Hintergrund und sperren sie in eine Art Zelle.

Nur wer die beiden Bilder vergleicht, empfindet Farben und Formen im Bildnis Doras als aggressiv. Betrachtet man ihr Porträt für sich, verlieren die Linien und Farben den bedrohlichen Charakter. Roland Penrose über das Porträt von Dora Maar von 1937:

»Ihr lächelndes Antlitz trägt den Ausdruck glücklicher Entspannung, ihre Augen funkeln angeregt. Die Ähnlichkeit wirkt auf den ersten Blick so natürlich, daß man sich erst beim zweiten überrascht bewußt wird, daß sich beide Augen, ein rotes und ein grünes, auf der gleichen Seite des im Profil dargestellten Gesichtes befinden. Sie schwimmen in roten, rosa-grünen, gelben und hellvioletten Farben, die viel zu leuchtend für gewöhnliche Fleischtöne sind, die aber in ihrer Freudigkeit die Vorstellung strahlender Jugend hervorrufen.«[45]

Penrose hat Dora gekannt und über alle Maßen geschätzt. In seiner Picasso-Biographie nutzt er jede Gelegenheit, ihren klaren und kritischen Geist hervorzuheben. Sah er die betonten Entstellungen Picassos nicht? Wollte er sie nicht sehen? Für ihn sind sie lediglich »grimmige Reaktionen auf äußere Ereignis-

45 Penrose, *Picasso,* S. 285.

se.«[46] Davon gab es offenbar in Doras und Picassos Beziehung eine Menge.

Guernica

Am späten Nachmittag des 26. April 1937 wurde Guernica, eine kleine baskische Stadt, von deutschen Flugzeugen im Dienst Francos dreieinhalb Stunden lang bombardiert und dem Erdboden gleichgemacht. Das Angriffsziel war militärisch belanglos, die Zerstörung ein reiner Terrorakt. Alle Welt war bestürzt. Picasso reagierte sofort. Bereits vier Tage nach der Eliminierung der kleinen Stadt begann er in seinem Atelier in der Rue des Grands-Augustins Nr. 7 mit den Studien für *Guernica.* Vier Monate zuvor hatte er das neue Atelier bezogen. Dank Dora. Sie kannte den lichten Dachboden bereits von den konspirativen Begegnungen der Gruppe *Contre-Attaque*, an denen sie und Georges Bataille teilgenommen hatten. Später hatte es der junge Theatermacher Jean-Louis Barrault als Atelier genutzt, und Dora hatte dort die Proben der Theatergruppe *Groupe d'Octobre* fotografiert. Die Suche nach einem neuen Atelier für ihren Freund wird nicht ganz uneigennützig gewesen sein. Dora war es wahrscheinlich leid gewesen, in der Rue de la Boétie von Sabartès und dessen Frau als Eindringling behandelt zu werden. Außerdem wohnte sie selber nur eine Straße weiter, in der Rue de Savoie Nr. 6. Eine kleine, unauffällige Straße mit der typischen Fassade Pariser Stadthäuser aus dem 17. Jahrhun-

46 Penrose, *Picasso,* S. 312.

dert. Ihre Wohnung im ersten Stock, fünf Zimmer auf 147qm, ging zum Hof. Pierre Daix schreibt, daß sie mit ihren Eltern zusammengelebt habe. Aber das ist unvorstellbar. Dora war eine erwachsene Frau. Picasso hätte nie bei ihr verkehrt, wenn ihre Eltern bei ihr gewohnt hätten. Diese Annahme wird durch Lords Erinnerungen gestützt. Dora erzählte ihm von einer Streiterei mit ihrer Mutter am Telefon und daß sie am nächsten Morgen zu ihr geeilt sei.[47] Und er selber erwähnt mit keiner Silbe die Anwesenheit ihrer Eltern, wenn er Dora besuchte.

Zu Picassos Atelier waren es nun nur noch fünf Minuten. In der Rue des Grands-Augustins hatte er ausreichend Platz für seine Arbeiten, und Tremblay verlor seine Attraktivität. Warum sonst sollte Picasso weiterhin nach Tremblay fahren? Nur um auf andere Gedanken zu kommen? Oder wußte Dora, daß sich dort Marie-Thérèse aufhielt? Wie wird sie damit umgegangen sein? Welcher Art war ihre Beziehung, daß die Wochenenden, die Picasso meist bei Mutter und Kind verbrachte, nicht zum Problem wurden?

Aber *Guernica*! Dora Maar erzählte James Lord, daß die Linien, die das Fell des Pferdekörpers in *Guernica* andeuten, von ihr stammten.[48] Erstaunlich. Hat er »mitmalen« lassen?

Über kein Gemälde Picassos gibt es so viele kunsttheoretische Abhandlungen. Keine erwähnt Maars Mithilfe, alle aber ihre Fotografien, die etappenweise den Entstehungsprozeß von *Guernica* festhalten. Pierre Daix: »Wenn Sie versuchen, etwas aus Picassos Werk, was er zwischen '36 und '45 geschaffen hat, wegzunehmen, haben Sie mit *Guernica* einen nicht ersetzbaren

47 Lord, *Picasso*, S. 158.
48 Ebd., S. 204 f.

Teil. Dora hat jede einzelne Etappe von *Guernica* fotografiert, und sie ist es auch, die das Atelier für ihn gefunden hat. Ihre Person ist unbedingt mit der Entstehung von *Guernica* verbunden. Und ohne dieses Werk hätte Picasso nicht die Bedeutung, die er im 20. Jahrhundert hat.«[49]

Picassos Verhältnis zur Politik wurde nie eindeutig geklärt. Bis heute streiten sich Kunsthistoriker über die Wahrhaftigkeit seines politischen Engagements. War er im Grunde apolitisch? Politisierte ihn nur seine geistige Umgebung?

Pierre Daix räumt Dora Maar eine wichtige Rolle in Picassos wachsendem politischen Selbstverständnis ein:

»Picasso malt nicht, um öffentlich Position zu beziehen. Krieg und Malerei gehören genauso zu seinem Leben wie die unterschiedlichen Frauen. Dora Maar spielt in Picassos Schaffen eine entscheidende Rolle. Sie hat auf sein politisches Engagement eingewirkt. Genauso wie Paul Éluard. Picassos Mitgliedschaft in der Kommunistischen Partei geht zum größten Teil auf ihn zurück. Der Dichter ist es, der mit der surrealistischen Überzeugung bricht, daß die Poesie absolut unabhängig bleiben muß. Und all das hat auf Picasso eine Art Beispielcharakter gehabt, nämlich daß man trotzdem ein großer Künstler bleiben kann. Ich denke, daß Dora und Éluard, ihre doppelte Rolle, sehr wichtig für Picasso waren. Er mußte begreifen, daß künstlerisches und politisches Engagement sich nicht widersprechen, daß Politik Kunst nicht herabsetzt.«[50]

Mit Dora konnte Picasso reden. Auf spanisch. Aber viel wichtiger noch: über das aktuelle Geschehen. Sie war politisch engagiert. Oder zumindest war sie es gewesen. Denn seit ihrer

49 Gespräch mit Pierre Daix in Paris am 13. März 1999.
50 Ebd.

Bekanntschaft mit Picasso konzentrierte sich ihr Interesse ganz auf ihn. Dazu gehörte keine besondere Aufopferung. Natürlich, sie hatte ihre Kunst, ihren Erfolg für Picasso aufgegeben. Aber war ihre Unsterblichkeit jetzt nicht auf andere Weise sicher? Ihr alter Schulfreund Georges Bernier will das nicht hören: »Dora hat es nie darauf angelegt, im Ruhm Picassos zu glänzen. Nein! Das war nicht ihr Fall. Das hatte sie auch nicht nötig!«[51]

Auch kann man ihr nicht vorwerfen, wegen Picasso ihr politisches Engagement aufgegeben zu haben. *Contre-Attaque* löste sich ohnehin 1936 auf. Alles, was dann folgte, waren »Geheimgesellschaften«, die vornehmlich aus Männern bestanden. Außerdem war Dora wohl kaum je politisch erfolgreicher als in ihrer Beziehung zu Picasso.

Gradiva

Auch wenn sie nicht mehr künstlerisch aktiv war, vergaßen ihre Kollegen sie nicht. Als André Breton eines Tages in finanziellen Schwierigkeiten steckte, entschloß er sich kurzerhand, eine Galerie in der Rue de Seine zu eröffnen. Der Name der Muse Gradiva, einer pompejanischen Phantasie, stand in dicken Lettern am Portal und winzig unter jedem Buchstaben ein Frauenname:

D comme Dora.

1937 verlegte Georges Hugnet, ein Mitstreiter Bretons, 21 surrealistische Kunstwerke als Postkarten, darunter Bilder und Collagen von Arp, Bellmer, Margueritte, Miró und Maar. Ihre

51 Gespräch mit Georges Bernier in Suèvres am 28. August 2000.

Fotografie *29, Rue d'Astorg* machte auch auf surrealistischen Gruppenausstellungen Furore.[52] Doch Dora versuchte nicht mehr, an den alten Erfolg anzuknüpfen. Ihr Interesse war mittlerweile ein anderes.

Eines Tages traf sie in Picassos Atelier auf Brassaï. Das Wiedersehen mit dem Kollegen aus früheren Jahren wird nur bedingt herzlich gewesen sein. Sie trafen als Konkurrenten aufeinander. Im Auftrag der Kunstzeitschrift *Minotaure* fotografierte Brassaï seit 1932 Skulpturen Picassos. Ihm entging nicht, daß die junge Frau seinen Platz als Hoffotograf eingenommen hatte. Allzu enthusiastisch waren ihre Aufnahmen von *Guernica*, die in der renommierten Kunstzeitschrift *Cahiers d'Art* veröffentlicht worden waren, von der Kritik aufgenommen worden. Brassaïs Aufzeichnungen »Gespräche mit Picasso«, die er 1939 begann, brechen im selben Jahr ab und setzen erst wieder 1943 ein. Brassaï erinnert sich:

»Von nun an aber machte ihre Anwesenheit meine Zusammenarbeit mit Picasso problematisch. Dora war besser plaziert, um Picasso und seine Werke zu fotografieren. Und am Anfang ihrer Verbindung wachte sie eifersüchtig über diese Aufgabe, die sie für ein Vorrecht hielt und mit Talent und Fleiß erfüllte. Sie fotografierte seine ersten gravierten Kiesel und einige seiner Skulpturen, sie half ihm auch bei fotografischen Versuchen. Die

52 »Unter einem denkbar unscheinbaren Titel unterbreitet das Bild eine geistige Landschaft, bei der manche Elemente an Chirico denken lassen. Im Vordergrund einer Arkadenarchitektur, eines Kreuzgangs oder einer großen Vorhalle, die so verzerrt ist, daß sie an die Kulissen expressionistischer Filme erinnert, sitzt eine anthropomorphe Figur, eine rätselhafte Statue aus derselben Traditionslinie wie die *Beunruhigenden Musen* des italienischen Malers oder die ersten anthropomorphen Plastiken eines Henry Moore.« Edouard Jaguer: *Les mystères de la chambre noire. Le surréalisme et la photographie*. Paris 1982. S. 100f.

Aufnahmen, die sie von den verschiedenen Stadien von *Guernica* gemacht hat, werden immer ein wertvolles Zeugnis von Picassos Arbeitsweise bleiben. Um Doras Empfindlichkeit und ihre Neigung zu Szenen und Auftritten nicht zu reizen, hütete ich mich sehr, in ein Gebiet einzudringen, das von nun an ihr Revier war. Unsere Beziehung blieb freundschaftlich, wir sahen uns aber längere Zeit nur selten. Erstaunlicherweise wandelte sich aber ihr Verhalten, je mehr sie sich von der Fotografie entfernte und der Malerei zuwandte … Nachdem die berufliche Eifersucht verschwunden war, stand unserer Freundschaft nichts mehr im Wege.«[53]

Beweise dafür sind u. a. die sehr privaten Fotografien, die Brassaï von seiner Freundin Dora 1944 in ihrer Wohnung machte. Doch bis dahin sollte noch einige Zeit vergehen.

Brassaï spricht »Doras Empfindlichkeit und ihre Neigung zu Szenen und Auftritten« an. Picasso hat sich darüber nie geäußert. Mit privaten Details war er stets zurückhaltend. Aber Picasso malte. Und was er malte, war keineswegs frei von Launen, Kontroversen, Alltäglichkeiten. Davon geht Brigitte Léal aus. Die Konservatorin am Centre Georges Pompidou in Paris hat sich eingehend mit den Porträts Dora Maars beschäftigt:[54]

»Man kann eine Entwicklung erkennen. Zu Beginn ihrer Beziehung spürt man regelrecht und sieht, wie Picasso von dem Charme dieser schönen, sehr manierierten Frau eingenommen ist. Sie ist wirklich die surrealistische Muse par excellence. Doch man erkennt ziemlich schnell eine Ernüchterung in der

53 Brassaï: *Gespräche mit Picasso*. (Paris 1964) Hamburg (1966) 1993. S. 38.
54 Gespräch mit Brigitte Léal in Paris am 12. März 1999.

Beziehung, eine Anspannung in seinen Bildern. Ihr Porträt verwandelt sich einmal in einen Hundekopf. In der Ikonographie wird der Hundekopf mit der Melancholie verbunden. Es handelt sich wirklich um ein krankes Modell. Picasso zeigt sie verkrampft im Sessel sitzend und in Räumen, die Zellen gleichen oder sogar mit Fenstergittern versehen sind. Also, es sind wirklich morbide Bilder, die meiner Ansicht nach auf den langsamen psychischen Zusammenbruch Dora Maars hinweisen, mit dem sie nachher immer mehr zu kämpfen hatte. Denn einerseits bedeutet die Begegnung mit Picasso für die Künstlerin Dora Maar eine ungeheure Bereicherung, andererseits einen Einbruch, psychisch, aber vor allem professionell, denn seinetwegen hört sie auf zu fotografieren.«

Sommeridylle 1937

1937 wurde sie noch längst nicht so deformiert und verzerrt dargestellt wie in den Bildern, die Picasso während der deutschen Besatzungszeit von ihr malen wird. In Mougins, wo das Paar nun offiziell gemeinsam den Sommer verbrachte, widmete sich Picasso zunächst noch Doras Temperament, Schönheit und Jugend. Wunderschöne, sanfte Zeichnungen entstanden. Wie im Jahr zuvor trafen sie in dem kleinen Küstenort mit der »famille heureuse« (der glücklichen Familie) zusammen: Man Ray, seine Freundin Lee Miller, Nusch und Paul Éluard erwarteten die beiden im *Hôtel Vaste Horizont,* bereits ungeduldig. Nicht nur Picasso war von Dora fasziniert:

Identités von Paul Éluard (Mougins, 9. August 1937)
Für Dora Maar

Ich sehe die Felder, das Meer eines gleichmäßigen Tages
bedeckt,
Es gibt keine Unterschiede
Zwischen dem Sand, der vor sich hin schlummert,
Der Axt kurz vor der Verletzung,
Dem Körper als auseinandergebreitete Garbe
Und dem Vulkan der Gesundheit

Ich sehe sterblich und gut
Den Stolz, der seine Axt zurückzieht
Und den Körper, der mit voller Verachtung seinen Stolz einatmet
Ich sehe sterblich und betrübt
Den Sand, der zu seinem Ausgangsbett zurückkehrt
Und die Gesundheit, die müde ist,
Den Vulkan, der wie ein entblößtes Herz schlägt,
Und die von gierigen Vögeln zusammengetragene Barke
Und die Feste ohne Glanz, die Schmerzen ohne Widerhall
Vorderseite der Augen als Opfer der Schatten
Lachen wie Straßenkreuzungen
Die Felder das Meer den Überdruß stille Runden Runden ohne
Ende

Ich sehe, ich lese, ich vergesse,
Das Buch von meinen geschlossenen Läden geöffnete Buch.[55]

55 Übers. von T. F. Die Zeichensetzung entspricht dem Original. Das Manuskript befand sich in Dora Maars Nachlaß. Veröffentlicht u. a. in: *Éluard et ses amis peintres*. Paris 1982.

In diesem Sommer stieß auch wieder Roland Penrose dazu, der begeistert von diesem Urlaub berichtet.[56] Die Tage waren fröhlich und ausgelassen. Dora und Picasso genossen das Meer. Wunderschöne Fotos von Man Ray zeigen das Paar als Wasserratten und Sonnenanbeter. Auch Dora hatte ihre Kamera dabei. Berühmt geworden ist die Aufnahme von Picasso auf einem ihrer ausgiebigen Strandspaziergänge. Stolzer Finder eines Ochsenschädels und bereit zu jeder Maskerade, hält er den Schädel vor seinen Kopf, dann wieder sitzt er gebieterisch auf dem Kieselstrand und hält den Knochen in der rechten und einen Stock wie ein Zepter in der linken Hand.

Als König der Gesellschaft kehrte Picasso einmal mit einem Affen heim. Das Tier ergriff so sehr Besitz von ihm, daß Dora regelrecht eifersüchtig wurde. Schließlich brachte Picasso den Affen ins Geschäft zurück. Dora zuliebe? Das vermutet Penrose. Doch er nahm erst Rücksicht, als das Tier ihn gebissen hatte.

Penrose liebte das Paar. Weiter berichtet er von einem Zoobesuch in Paris, bei dem Dora eine Verbindung zwischen Affen und Picassos Figuren der Blauen Periode zog. »Oh, ja! Du hast das also bemerkt!« soll Picasso ausgerufen haben. Hat er wirklich so reagiert? Oder ist es nur eine kleine Hommage von Penrose an Geist und Kunstverständnis Doras?

Auch den Sommer darauf verbrachten sie unter denselben angenehmen Bedingungen in Mougins. Und während einer der beiden Aufenthalte, 1937 oder 1938 – auch hier sind sich Daix und Penrose nicht einig –, engagierte Dora ein Zimmermädchen und eine Köchin des Hotels für die Rue des Grands-Augustins. Gegen Picassos Hang zum Chaos. Die ältere der beiden, Inés, sollte ihm viele Jahre treu bleiben und schon bald Modell sitzen.

56 Penrose, *Picasso,* S. 286 f.

»Das erste Bild von Picasso, das ich sah,
war die Weinende Frau, und nie mehr sollte ich es vergessen«[57]

Noch ehe sie im September 1937 nach Paris zurückkehrten, griff Picasso ein Motiv auf, das weltberühmt werden sollte: *Die Weinende Frau.* Es verfolgte ihn schon seit einem Jahr, seit dem Staatstreich Francos im Juli 1936. Im Grunde ist es der Kopf einer schreienden Frau. In *Guernica* trägt sie ein totes Kind in den Armen: in zahlreichen Deutungen als Symbol der Kriegsopfer. Vor dem Aufenthalt in Mougins entstanden mehrere Varianten des Bildes. Erstmals in *Traum und Lügen Francos*, Picassos unverhülltem Protest gegen das Franco-Regime.

Statt des Kindes hält sie nun ein Taschentuch in den Händen. Wie tief kann seelische Verletzung gehen? Die Augen treten wie herausgeheult aus dem deformierten Gesicht, noch ist der Mund wie zu einem gellenden Schrei geöffnet. In späteren Varianten zerbeißt die Weinende mit entblößten Zähnen ein Tränentuch. Nach einigen Radierungen wechselte Picasso vom monotonen Schwarzweiß *Guernicas* zu grellen, aufreizenden Farben. Das nach hinten gekämmte Haar der Weinenden bleibt schwarz. Wie das Haar von Dora Maar.

In dem berühmten Porträt vom 26. Oktober 1937 setzt Picasso der Weinenden einen Hut auf, wie ihn Dora zu dieser Zeit trug. Ist das Ähnlichkeit genug, um Dora als *Die Weinende Frau* zu identifizieren? »Ein Maler muß schaffen, was er spürt. Aber – Achtung! Spüren, spüren, das sagt sich so leicht. Es bedeutet nicht: so zu sehen! Für mich ist Dora immer eine weinende Frau gewesen. Gut. Eines Tages konnte ich sie schaffen.«[58]

57 David Hockney.
58 André Malraux: *La tête d'obsidienne.* Paris 1974. S. 128.

An diese Worte Picassos erinnerte sich André Malraux. Der Schriftsteller hatte Picasso zur Zeit von *Guernica* und nach der Befreiung getroffen. Françoise Gilot berichtet von einer ähnlichen Äußerung Picassos: »Ein Künstler ist nicht so frei, wie es manchmal aussieht. Es ist genauso wie bei den Porträts, die ich von Dora Maar gemalt habe. Ich könnte kein Bild von ihr malen, auf dem sie lacht. Für mich ist sie die weinende Frau.«[59]

Was Picasso Malraux erklärt hat, wird oft zitiert, aber um einen wesentlichen Bestandteil beschnitten. Unmittelbar schließt sich nämlich an:

»Ich konnte sie schaffen. Das ist alles. Das ist wichtig, weil Frauen Leidensmaschinen sind. Jetzt hatte ich das Thema wiedergefunden. Wie bei *Guernica*. Gar nicht so lange nach *Guernica*. Man darf nicht zu genau wissen, was man macht.«[60]

Hier gewinnt Doras Gesicht über das Individuelle hinaus symbolische Bedeutung. Es wird Mittel zum Zweck: Die Weinende drückt menschliches Leiden schlechthin aus. Brigitte Léal:

»Es ist in der Tat ein Bild des Schmerzes und des Leidens, das vollkommen übersteigert ist: Und ich denke, es gab vielleicht in der ganzen Geschichte der Malerei nicht ein Bild, das so stark das Leiden ausdrückt. Und insofern geht das weit über ein Porträt von Dora Maar hinaus.«[61]

»Man darf nicht zu genau wissen, was man macht!« – das verweist wieder in den Bereich des Unbewußten. Warum wählte Picasso ausgerechnet das schöne Gesicht Doras, um Schrecken und Terror des Krieges darzustellen? Die meisten Biographen deuten das Bild als Psychogramm. So auch der Picasso-Kenner

59 Gilot, *Picasso*, S. 102.
60 Malraux, *La tête d'obsidienne*, ebd.
61 Gespräch mit Brigitte Léal in Paris am 12. März 1999.

Werner Spies, Kunsthistoriker und Autor zahlreicher Veröffentlichungen über Picasso:

»Dora Maar sehen wir heute immer noch, wie sie Picasso gemalt hat; nicht zuletzt in den Bildern der 30er Jahre als weinende Frau, hysterische Frau, die im Grunde genommen völlig zur Besetzung von *Guernica* paßte. Diese weinenden Frauen, die Picasso als Postskripta zu *Guernica* malt und zeichnet, sind weniger Notate der Realität von weinenden Frauen oder Müttern, sondern es ist schon die Auseinandersetzung mit der eigenen Biographie, Auseinandersetzung mit dem Umgang mit Dora Maar.«[62]

Nur wie sah der Umgang aus? Weder Picasso noch Dora haben sich je dazu geäußert. Und trotzdem wird fast in jeder Picasso-Biographie auf Doras »schwierigen Charakter«, »ihre Neigung zu hysterischen Szenen, Wutausbrüchen und depressiven Stimmungswechseln« verwiesen. Woher wissen die Autoren das?

Da wird entschieden kolportiert. Man liest eine Biographie. Man liest zehn Biographien. Spätestens, wenn ein und dieselbe Anekdote ohne Angabe der Quellen, jedes Mal leicht abgewandelt, wiedergegeben wird, erhärtet sich der Verdacht: Der eine übernimmt vom anderen und schert sich um die Wahrheit einen Teufel. Natürlich, jede Biographie beruht auch auf Gerüchten. Die Leser wollen Klatsch und sind für alles Außergewöhnliche dankbar.

Arianna Stassinopoulos Huffington hat mit ihrer Picasso-Biographie dieses Bedürfnis gekonnt befriedigt. Der amerikanische Originaltitel erfaßt den Inhalt des 526 Seiten dickleibigen Buches kurz und bündig: »Picasso, Creator and Destroyer«.[63]

62 Gespräch mit Werner Spies in Paris am 28. März 2000.

63 Arianna Stassinopoulos Huffington: *Picasso, Genie und Gewalt*. (New York 1988) München 1988.

Die in Amerika lebende Griechin versteht es, aus jeder Banalität, die sie zum größten Teil aus anderen Biographien bezieht, ein Drama zu machen.

Nicht ganz so theatralisch, dafür aber ebenso indiskret, ist die umfangreiche Biographie von Pierre Cabanne: »Le Siècle de Picasso«.[64] Der Autor verzichtet in den Abschnitten über Dora Maar auf die Angabe von Quellen. Obwohl er – wie er im Vorwort betont – so viel Wert darauf legt. Oder stammen sämtliche Details zu Dora Maar von Zeugen, so schreibt er, die »anonym bleiben wollen«? Auf meinen Brief, in dem ich ihn dennoch um die Quellen bestimmter Ereignisse bat, die er aus dem Privatleben Picassos erstaunlich detailliert zu berichten weiß, hat er nicht geantwortet.

Wie soll man damit umgehen? Dora Maar – ein Nervenbündel? Abstreiten und behaupten, daß alles nur Sensationsmache sei, um die Beziehung Doras und Picasso prickelnder zu gestalten? Oder Kunsthistorikern unterstellen, sie hätten die Bilder überinterpretiert? Was von Dora Maar unverfälscht bleibt, sind Fotografien von ihr. Hier hat kein Picasso und keine Huffington Hand angelegt. Aber auch auf diesen Fotografien wirkt Dora unnahbar – ohne auch nur einen Funken Herzenswärme zu verraten. Ihr ebenmäßiges Gesicht hat nichts Warmes, Weiches. Der intensive Blick durchdringt, hinterläßt aber nichts als ein beklemmendes Gefühl im Betrachter. Der Eindruck einer schönen Frau mit dunklem, vollem Haar, großen Augen und ebenmäßigen Zügen verliert sich. Man ist von der Intensität des Blicks gefangen und wird zugleich enttäuscht. Nichts vermittelt sich. Die Person Dora Maar bleibt verschlossen. Würde sie die

64 Pierre Cabanne: *Le Siècle de Picasso*. Paris 1975.

Augen schließen – wie die Personen auf ihren eigenen Fotografien –, man würde zumindest ein Seelenleben erahnen. Hier aber bannt sie den Blick des Betrachters und weist ihn zurück. Aufnahmen aus Mougins zeigen »la famille heureuse«. Picasso, Nusch, Lee Miller und all die anderen lachen, strahlen in die Kamera – nur Dora nicht. Was hält sie zurück? Was kann sie, will sie nicht verraten? Dora hatte Blut, Leidenschaft – mehr als viele andere. Noch jung, machte sie sich allein, ohne Auftrag nach Spanien auf, sogar bis zu den Kapverdischen Inseln. Sie liebte Bataille, den Heftigsten von allen. Sie schuf abstruse Fotocollagen und engagierte sich in radikalen Gruppierungen. Kurz: sie suchte das Extrem. Picasso war vielleicht der Höhepunkt – und Wendepunkt zugleich. Seine Allmacht verdammte sie zur Passivität. Der Krieg machte ihr politisches Engagement absurd. Was blieb? Unbehagen, unterdrückter Unmut. Gereizte Anspannung.

Nur, warum trägt *Die Weinende Frau* Züge von Dora Maar und nicht z. B. von Marie-Thérèse oder Olga – eine wirkliche »Schmerzensfrau«, eine »russische Seele«, die ihm jahrelang hinterhergelaufen war und Szenen gemacht hatte? Ich habe die Frage Heinz Berggruen, dem großen Picasso-Sammler, gestellt.

»Ich sage immer, er war eben der große Verwandlungskünstler, er war der, der es verstand, in Dinge hineinzusehen, hineinzugestalten, die ihm gerade gefielen. Man behauptet ja auch, das im Bild von *Guernica* oder einer der großen, wunderbaren Radierungen, *Minotauromarchie*, die Lichtfigur, das sei Dora Maar, das ist ja wieder das Gegenteil: Das ist eine junge Frau von großer Unschuld und Sauberkeit, ganz anders als die Weinende. Das sei sie auch, das kann man alles hineininterpretieren, also in dem Sinne würde ich sagen, war Dora Maar es gar nicht, aber sie hatte nun mal ein sehr markantes Gesicht und sehr eindrucksvoll, und dann geht man zwei, drei Schritte weiter, da weint sie. Weil sie so intensiv war, daß das sehr aufregend ist. Es gibt ja solche, die weinen, die plörren nur, die heulen einem was runter, und das ist ja nicht der Fall bei der weinenden Frau. Das kann man sich dann vorstellen bei einer Dora Maar, und das hat er sich dann vorgestellt.«[65]

Und da liegt wahrscheinlich des Pudels Kern. Dora hat Picasso zu zahlreichen Porträts von äußerster Anspannung inspiriert. Das sieht man. Sie muß etwas in ihrem Wesen gehabt haben, das Picasso gereizt hat, seine eigenen Spannungen und Dissonanzen in ihrer Person zu spiegeln. Dora Maar bestach durch ihren Verstand. Das heben alle, die sie kannten und die ich gesprochen habe, immer wieder hervor. Sie barg genug kritisches Potential, um dem egozentrischen Picasso Paroli zu bieten. Genau das unterschied sie von der kindlichen und natürlichen Marie-Thérèse. Mit Dora konnte Picasso das besprechen, was er in Bildern wie *Guernica* künstlerisch umsetzte. Sie wurde seine Politik. Die Serie »Weinende Frauen« entstand in der unmittelbaren Nachfolge zu *Guernica.* Sie hängt als Werkkomplex eng mit der Kriegsthematik zusammen, nur daß Picasso sich jetzt auf ein einziges Motiv konzentrierte. Er wählte die »Weinende Frau« als Leidensträgerin. Allein das läßt Rückschlüsse auf die Beziehung des Paares zu. Wie hat Picasso überhaupt Frauen gesehen? Und inwiefern hat Dora unter ihm gelitten? Hat er sie mißbraucht, indem er sie zum Symbol machte? Pierre Daix:

»Daß *Die Weinende Frau* vom 26. Oktober 1937 Dora ähnelt, darf nicht in unmittelbaren Zusammenhang mit seinem Privatleben gebracht werden. Picasso hat sich immer von Formen,

65 Gespräch mit Heinz Berggruen in Berlin am 19. März 1999.

Objekten, Landschaften und Frauen, die das Leben mit ihm teilen, beeinflussen lassen. Außerdem ist das Glück zwischen den beiden sehr lebendig. Und es ist eben so: dort, wo Dora Feuer und Gewitter bringt, ist Marie-Thérèse Sanftmut und blaugefärbter Himmel. Seine Malerei als intime Geständnisse zu lesen, die sich derart direkt offenbaren, entspricht nicht der hohen Idee, die sich Picasso von seiner Malerei gemacht hat, und noch weniger den Schlichen seines Unbewußten.«[66]

Weinen im Krieg

Ob nun in Doras Gesicht oder in Stilleben, der Krieg macht sich in Picassos Werk bemerkbar. Am 13. März 1938 wurde Österreich heim ins Reich geholt. Eine Katastrophe stand bevor. Picasso war nun – nicht zuletzt durch Paul Éluard und Dora Maar – zu einer politischen Figur geworden. Fernab aller schrecklichen Ereignisse wartete Marie-Thérèse mit Maya auf ihn in Tremblay. Picasso dankte es ihr mit zauberhaften Bildern. Was hatte der Krieg mit der naiven, sinnlichen, natürlichen Marie-Thérèse zu schaffen! Ecken und Kanten, Widerstand, Unberechenbarkeit, Stolz und Aggression – ça c'est Dora! Sie war politische Realität. Sie war seine Auseinandersetzung mit der Wirklichkeit. Sie war seine Wirklichkeit – gegen die das Kind und der Phantast in ihm rebellierte. Anfangs war es ihr intensiver Blick, ihr auffälliges Verhalten, das ihn angezogen hatte. Mit fortschreitenden politischen Auseinandersetzungen

66 Daix, *La Vie de peintre*, S. 208.

wurde es ihre Persönlichkeit. Sie widersprach. Sie bezog Stellung. Da gab es einen Stolz, den er brechen mußte. Dora bot ihm nicht nur Widerstand, sondern war auch Projektionsfläche. In ihr konnte Picasso seine eigenen Widersprüche spiegeln.

1938 begann er eine Reihe liegender Frauenakte zu malen. Wie allen Dingen des Lebens unterwarf er auch die weibliche Anatomie formalen Analysen, Abwandlungen und Metamorphosen. Ludwig Ullmann hebt in seiner Monographie »Picasso und der Krieg«[67] die zentrale Bedeutung weiblicher Aktstudien für Picasso hervor. Mehr noch als die körperliche Darstellung interessiert ihn die emotionale Verfassung des Modells. Seine Äußerung, er könne eine Frau nur malen, wenn er mit ihr geschlafen habe, bestätigt Ullmanns Annahme, dem Maler gehe es um die Gesamterfahrung und nicht nur um die Gestalt des Modells. Bis 1944 war Dora immer wieder Vorbild für liegende Akte. Viel blieb von ihrem Körper nicht übrig. Dennoch ist die Zeichnung vom 10. September 1938, auf der man Doras Haar und ihren stets geschminkten Mund erkennt, ausgesprochen erotisch. Ihre Brustwarzen stehen steil empor, Scham und Geschlecht sind, wenn auch ausgesprochen kantig, hervorgehoben.

Ullmann betont, daß man bei Werken aus den Kriegsjahren nicht immer feststellen könne, ob private Konflikte oder das belastende Zeitgeschehen Impulse für die entstellten Darstellungen seien. Dabei sei jedoch nicht auszuschließen, »daß im einen oder anderen Fall private ›atmosphärische Störungen‹ die fatalen Aspekte von Picassos Weltangst und seiner in dieser Zeit apokalyptischen Weltsicht noch verstärken«.[68]

67 Ludwig Ullmann: *Picasso und der Krieg*. Bielefeld 1993.
68 Ebd., S. 319f.

Doch wie sah ihr Privatleben aus? Biographisch weiß man nichts aus der Zeit zu berichten. Dora schwieg. Picasso auch.

Dank der Aufzeichnungen von Sabartés und den Erinnerungen u. a. von Brassaï weiß man zumindest einiges über Picassos alltägliche Gewohnheiten. Dora Maar erwähnt der spanische Intimus mit keiner Silbe, so als hätte sie gar nicht existiert. Eifersucht? Brassaï sprach ihn darauf an.

»Der einzige Vorwurf, den ich Ihnen machen könnte: Sie sagen nichts über seine Liebesaffären ... Nichts über die Frauen, als ob sie nicht existierten ... Um dieser Diskretion willen fälschen Sie sogar ein wenig die Tatsachen. Sie lassen Picasso einsame Reisen machen und den Leser dieses Schicksal bedauern, während er doch in Wirklichkeit nicht allein war, wodurch alles natürlich anders wird ... Sabartés: [...] Aber mir ist der Mund verschlossen, für mich ist dieses Thema tabu ... Übrigens weiß ich nicht, was Picasso im Grunde seines Herzens über Frauen und Liebe denkt ... Man könnte meinen, Picasso vertraue mir alles an, er verrate mir seine geheimsten Gedanken. Das ist aber ein großer Irrtum! Nichts dergleichen! Wenn wir allein sind, sprechen wir nur selten miteinander ... Aber ist es wirklich notwendig, die Frauen zu erwähnen, alle aufzuzählen, die in seinem Leben eine Rolle gespielt haben? Ich glaube es nicht; die Frauen verschwinden – die Bilder bleiben ...«[69]

Doch was man beim eifersüchtigen Freund noch als höchst subjektive Sicht – eben als »Erinnerungen« – entschuldigen mag, führt in der Biographie Cabannes zu Kurzschlüssen. Die Tatsache, daß Sabartés Dora nicht erwähnt, heißt eben nicht,

69 Brassaï, *Gespräche*, S. 158f.

daß sie nicht da war. Und ich denke, Cabanne irrt, wenn er davon ausgeht, Picasso habe die Spaziergänge in Antibes und Royan, wo sich Dora und Picasso eine Zeitlang aufhielten, nur mit Sabartés unternommen. Warum sollte Dora zu Hause geblieben sein? Die Besuche auf den Flohmärkten waren bestimmt amüsant und ergiebig mit jemandem, der das Kuriose liebte. Und hätte Dora akzeptiert, daß Picasso ihr den spanischen Freund vorzieht? Bei Cabanne liest sich das natürlich schlüssig: Denn für ihn war Dora selbstquälerisch und hysterisch. Penrose hingegen weiß von gemeinsamen Spaziergängen des Paares in Royan.

Um sich das Alltagsleben des Paares vorzustellen, müssen Lükken mit Wahrscheinlichkeiten gefüllt oder ganz frei gelassen werden. Leider!

Was war mit Picassos Ischiasanfall, der ihn mehrere Wochen unter großen Schmerzen ins Bett gezwungen hatte? Saß Dora an der Bettkante, während er zeterte und jammerte? Sie war bestimmt keine aufopfernde Krankenschwester. Sicher, sie hatte sich gewissermaßen selbst aufgegeben, indem sie seine Freundin geworden war. Aber eines wird sie nicht aufgegeben haben: ihren Stolz.

Sah sie ihm beim Frühstück zu, das er oft in seinem Bett einnahm? Sicherlich hatte sie kein Interesse, zusammen mit dem Hofstaat einzutrudeln.

Durch Dora wurde sein Kontakt zu den Surrealisten enger. Man traf sich beim Mittagessen, z. B. in der traditionsreichen Brasserie *Lipp*, wo auch Beamte, Geschäftsleute und Journalisten verkehrten, oder natürlich im *Flore* und im *Deux Magots*.

So vergingen die Vormittage und Nachmittage wie im Flug. Die Abende gehörten der Arbeit. Dora hatte sich ein Atelier in

Rogi André: »Portrait de Dora Maar, 1941 Paris«

Pablo Picasso: »Dora tan rebufona«

Pablo Picasso: »Dora im Bikini«, 1936

Dora Maar: »Picasso bei Dora Maar im Atelier«, um 1942 (Ausschnitt)

Pablo Picasso: »Doras Hund als Papierriß«

Dora Maar: »Sans Titre«, 1934

Dora Maar: »Gamin au Coin«, ca. 1935

Dora Maar: »Homme sandwich«, ca. 1935

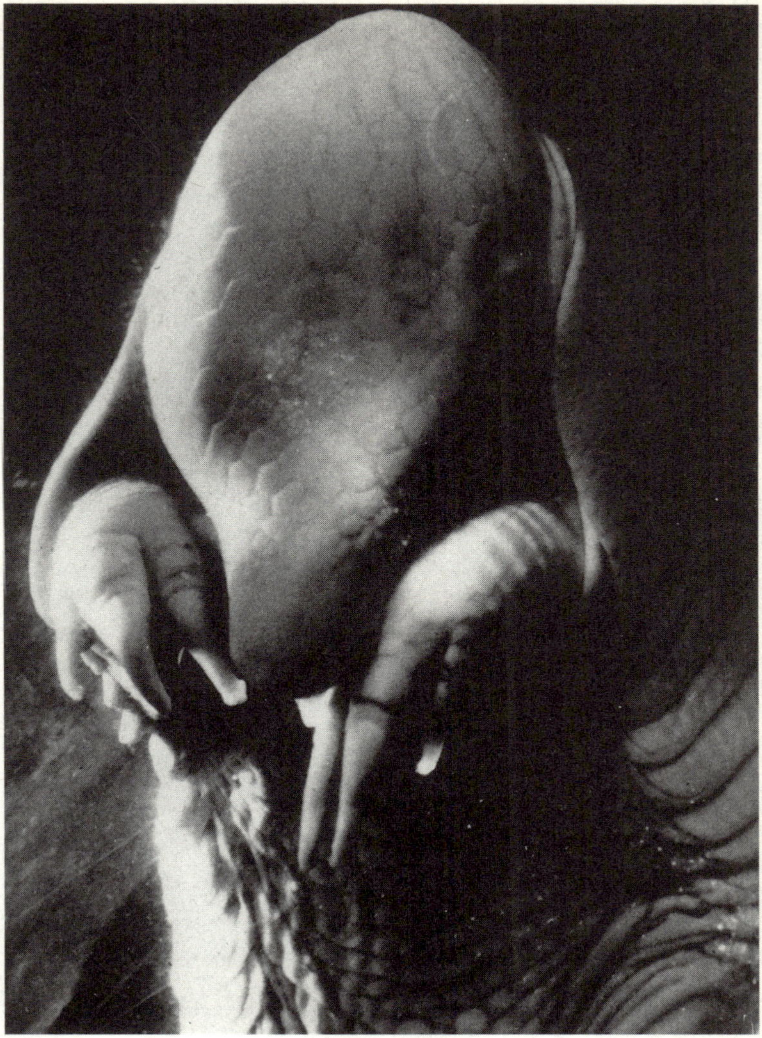

Dora Maar: »Portrait d'Ubu«, 1936

Brassaï: »Porträt Dora Maar (rauchend)«, ca. 1944

ihrer Wohnung eingerichtet. Doch einen Großteil ihrer Bilder wird sie wohl in der Rue des Grands-Augustins gemalt haben. Meist Nachempfindungen seines Werkes. Zuweilen kopierte sie seine Bilder Strich um Strich. Es funktionierte. Ihr Handwerk hatte sie gelernt.

Pour Dora – Grand Peintre

Sogar *Die Weinende Frau* hat sie kopiert und variiert. Sie erweiterte ein Bild einmal um eine Glühbirne und erwähnte das auch im Titel: *Femme qui pleure sous la lampe*. Die Identifikation trieb sie so weit, daß sie die Abgebildete in eine Bluse steckte, die ihrer eigenen Garderobe ähnelte. Bei Picasso bleibt die Bluse unspezifisch. Drängte sich Dora Maar selber in die Zerstörung?

Daß sie keine Berührungsängste mit den Bildern hatte, in denen Picasso sie so verzerrte, beweist eine Fotografie. Dora Maar hatte hierfür über 30 Porträts aus seinem Atelier zusammengetragen. Jahre später sagte sie zu James Lord, die Porträts von ihr seien »alle Picassos, aber keines eine Dora Maar«.[70] Zu diesem Zeitpunkt war die Beziehung zu Picasso schon lange beendet. Als wäre ihr erst im Rückblick bewußt geworden, welche Aussagekraft einem solchen Bild innewohnt.

Einige dieser Porträts hingen noch Jahre nach der Trennung an den Wänden ihrer Wohnung – bis Dora sie aus Sicherheitsgründen in den Banktresor gab. Viele zärtliche Bilder waren darunter. Alles waren Geschenke Picassos. Eine Geste, die für

70 Lord, *Picasso*, S. 160.

sie keine Bedeutung hatte. Picasso schenkte wahllos, je nach Laune. Der Empfänger sei stets zu tiefem Dank verpflichtet, was ihm nicht mißfallen hätte.[71]

Doch da war noch das Feuerzeug ... Stolz erzählte sie Lord, daß Picasso seine tägliche Arbeit unterbrochen hatte, um es in einer der teuren Boutiquen an der Place Vendôme zu kaufen. Eine Laune. Und da er nichts ließ, wie es war, ließ er ihr Porträt nach Vorlage auf den Schnappdeckel des versilberten Dunhill-Feuerzeugs eingravieren.

Welch hohen sentimentalen Wert das Feuerzeug für Dora hatte, erfuhr James Lord am eigenen Leib. Er erinnerte sich ihrer tiefen Bestürzung und des Vorwurfs, als sie glaubte, es auf einem gemeinsamen Ausflug verloren zu haben. Auch er vergaß das Feuerzeug nicht. Auf der Auktion am 7. Dezember 1998 hielt er so lange mit, bis der Zuschlag mit umgerechnet ca. 15 000 DM an ihn ging.

Lords Erinnerungen – wenn auch entschieden von der Persönlichkeit und subjektiven Wahrnehmung des Autors geprägt – sind ein wertvolles Zeugnis von Dora Maar in den 50er Jahren. Als er sich mit ihr anfreundete, war sie nicht mehr Geliebte, sondern bereits Verlassene und Enttäuschte. Natürlich entspringen nicht alle Äußerungen ihrer Bitterkeit. Picasso gilt auch anderen Biographen als kindlicher Egomane.

Über das Bild eines verzerrten Gesichts setzte er die Widmung *Pour Dora Maar. Grand Peintre.* Für Dora Maar. Große Malerin. Mit Zärtlichkeit verschleierter Sarkasmus? Dora empfand es jedenfalls so. Nie habe sie das Bild jemandem zeigen wollen, sagte sie James Lord. Verletzender als der Hohn Picassos war die Verkaufsstrategie der Auktionatoren 50 Jahre später.

71 Vgl. Lord, *Picasso*, S. 163.

Als ihr Atelier mit mehr als 300 Bildern verkauft wurde, lösten die Verantwortlichen die Widmung aus dem Zusammenhang und stellten sie als Einleitung dem Katalog voran – der zynische Picasso als Schirmherr der Versteigerung!

Kaum weniger erniedrigend war das erste Zusammentreffen James Lords mit Dora Maar und Picasso gewesen.[72] Der junge amerikanische Soldat hatte Picasso so weit gebracht, ein Porträt von ihm zu malen, nun bat er um ein Foto. Nein, rief Picasso, wenn hier überhaupt jemand ein Foto macht, dann eine Expertin – und zeigte auf Dora. Dora nahm die kleine Kamera und schoß ein Souvenirfoto. Wie muß der erfolgreichen Fotografin zumute gewesen sein? Sollte Picasso tatsächlich hinzugefügt haben: »Diese Dame ist eine Expertin. Bis zu dem Tag, an dem sie mich traf, hatte sie noch keinen Pinsel angerührt. Sie ist eine geniale Fotografin, hat Hunderte von Aufnahmen von mir gemacht, sähe es nicht gern, wenn jemand ihr den Platz streitig macht«[73], wäre die Demütigung perfekt gewesen. Dora hatte nicht seinetwegen das erste Mal zum Pinsel gegriffen und war nicht deshalb eine »geniale Fotografin«, weil sie Hunderte von Aufnahmen von ihm gemacht hatte. Dennoch, sie mußte akzeptieren, daß sie nicht mehr die Fotografin Dora Maar war, sondern die fotografierende Freundin Picassos.

Auch für André Breton? Er bat sie eines Tages, ihm die Fotografie eines Gemäldes von Picasso zu schicken. Picasso hatte es ihm wenige Tage zuvor gezeigt. Diplomatisch hofierte er in dem Brief Dora als Malerin, um dann doch nur auf Picassos Bilder zu sprechen zu kommen: »Und ich glaube immer noch, daß ich der erste sein werde, der sie zu schätzen weiß.« Kein

72 Lord, *Picasso*, S. 66.
73 Ebd.

Wort mehr von Dora. »Sagen Sie ihm bitte, daß ich ihn liebe. Daß ich ihn dringend brauche [...].«

Mehr wurde aus dem Brief an Dora, der im Auktionskatalog zum Verkauf angeboten wurde, leider nicht zitiert. Daß Breton sie siezt, wird an seiner Sonderstellung als Kopf der Surrealisten gelegen haben. Aber sie hatte zu ihm und seiner Frau Jacqueline ein besonders inniges Verhältnis, und dies schon lange vor ihrer Beziehung zu Picasso. Durch sie habe Jacqueline André Breton kennengelernt, erzählte Dora Maar Combalía.[74] »Sie kam als Fotomodell zu mir, womit sie damals Geld verdiente. Einmal fragte sie mich: ›Wo kann man die berühmten Surrealisten treffen?‹ Ich sagte ihr, daß sie im Café an der Place Blanche zusammenkamen. Sie ging hin und lernte Breton kennen. Sie haben sofort geheiratet. Jacqueline hatte auffallend grüne Augen.«

Und dann so distanziert? Als Breton einmal nicht in Paris sein konnte, bat er sie in einem anderen Brief: »Können Sie heute an der Versteigerung von Kunst der Verrückten im Hospital Sainte Anne teilnehmen? Kaufen Sie mir die wichtigsten Kuriositäten: Objekte, Skulpturen, Zeichnungen [...]«

Vier Jahre später sollte Dora noch einmal die Nervenheilanstalt Sainte Anne aufsuchen. Diesmal aber nicht als Besucherin.

Antibes

Im Sommer 1939 – noch war der Krieg nicht ausgebrochen – rief wieder der Süden. Picasso nahm das Angebot Man Rays an, den Sommer in dessen Wohnung in Antibes zu verbringen. Zu-

74 Dora Maar im Interview mit Victoria Combalía 1994.

nächst waren Dora und Picasso allein in dem luxuriösen Strandort. Sabartés blieb in Paris. Er kam erst mit, als Picasso sich von seinem Chauffeur Marcel erneut nach Antibes fahren ließ. Sein Kunsthändler der ersten Stunde, Ambroise Vollard, war gestorben; und Picasso kam zur Beerdigung nach Paris zurück.

Aufwendig wurde Man Rays Wohnung in ein halbwegs brauchbares Atelier für Picasso verwandelt. Es wurde geschoben, getragen und verrückt, bis endlich eine fast 3 qm große Leinwand aufgespannt werden konnte. Dem *Nächtlichen Fischfang in Antibes* stand nichts mehr im Wege. Das fröhlich und zugleich bedrohlich wirkende Bild entstand unmittelbar aus den Eindrücken der Umgebung. »Es war sehr heiß an jenem Abend, als wir den Rundgang um den Hafen machten, und wir kauften uns Eiswaffeln.« Antonina Vallentin zitiert Dora in ihrer Biographie aus dem Jahre 1958.[75] Tatsächlich leckt ein junges Mädchen mit Doras dunklem, bis zur Schulter fallendem Haar mit allzu spitzer Zunge an einem Eis. Das bleibt der einzige Kommentar von Dora Maar in dem ganzen Buch.

Betrachtet man die Abbildung der Eisschleckenden näher, sieht man Dora wieder in eckigen Formen. Das ganze Bild ist von kantigen Konturen übersät, die der vermeintlich friedlichen Abendstimmung einen explosiven Charakter verleihen. Picasso war von dem bevorstehenden Krieg aufgewühlt. Jeden Tag, wenn sie alte Freunde in den kleinen Cafés von Antibes trafen, eilten die Nachrichten von Ultimaten und Mobilmachungen von Tisch zu Tisch. Bis sich eines Tages die Stadt mit Truppen zu füllen begann. Lange hielten es auch Dora und Picasso unter den Gewitterwolken nicht aus. Man ließ Marcel mit dem

75 Antonina Vallentin: *Pablo Picasso*. Köln 1958. S. 359.

Monumentalgemälde vorausfahren. Sabartés, Picasso und Dora nahmen kurz darauf den Zug.

Die Fahrt im überfüllten Zug in der Augusthitze wird schrecklich gewesen sein, der Empfang in Paris war es bestimmt. Die Stadt war in Auflösung begriffen. Nicht einmal die Hälfte ihrer Freunde trafen sie noch an. Wenn sie nicht zu ihren Regimentern mußten, wie Paul Éluard, hatten sie sich aufs Land oder ins Ausland abgesetzt. Lange warteten Dora und Picasso nicht. Zunächst mußten aber seine Bilder in Kisten verstaut werden. Doch es waren einfach zu viele! Zu ungeordnet! Es gab nicht einen Ort, an dem nicht irgendein Picasso herumlag. Allein in Tremblay und Boisgeloup stapelten sich seit Monaten Gemälde, Zeichnungen und Skulpturen. Picasso gab auf. Resigniert meinte er zu Brassaï: »Schließlich ist das einzig Wichtige an einem Bild die Legende, die es geschaffen hat, und nicht die Tatsache, ob es erhalten bleibt oder nicht.«[76]

Einen Tag vor Ausbruch des Zweiten Weltkrieges beendete Picasso das berühmte Bild von Dora Maar im gelben Pullover.

Léal: »Zu den außergewöhnlichsten Porträts gehört *Der gelbe Pullover*, das sich in der Sammlung Berggruen befindet, in der Nationalgalerie in Berlin. Das Bild zeigt Dora Maar absolut steif und gedämpft, in ein Kettenhemd gezwängt. Ihre Hände sind richtige Pranken. Hier also noch einmal die Anspielung auf ein Tier und bestimmt auch auf ihr berühmtestes Foto, *Ubu*. Es steckt eine monströse Seite darin. Die Idee des eingezwängten, erstickten Körpers nimmt Picasso in dem berühmten Kopf, der wie ein Wollknäuel aussieht, wieder auf. Diese Bilder strah-

76 Brassaï, *Gespräche*, S. 36.

len ein Eingeschlossensein und Ersticken des psychischen Lebens aus, das ungeheuerlich und auch signifikant ist.«[77]

Royan

Am 1. September 1939 verließ Picasso mit Dora Paris. Sabartés, seine Frau und Picassos Hund Kazbek fuhren mit. Die Wahl fiel auf Royan, eine kleine Hafenstadt 50 km südlich von La Rochelle. Nach den Erfahrungen des Ersten Weltkrieges glaubte man sich in den kleinen Orten an der Atlantikküste sicherer. Das war ein Grund. Doch wie so oft gab es noch einen anderen – Marie-Thérèse und Maya befanden sich ebenfalls dort.

Zum zweitenmal in diesem Jahr hielten sich Dora und Picasso ganz in der Nähe des Meeres auf. Diesmal waren die Umstände ernster, die Zimmer im Hôtel du Tigre zu klein und Picassos Aufenthaltsgenehmigung für Ausländer nicht vorhanden. Mit Sabartés mußte er also noch einmal nach Paris zurück, um sich einen Meldeschein zu besorgen. Es sollte nicht das einzige Mal bleiben. Immer wieder fuhr er während des einjährigen Aufenthalts nach Paris. Meist mit Dora oder Sabartès.

Die Nebenbuhlerin blieb Dora nicht verborgen. Das behauptet Pierre Daix. Pierre Cabanne dagegen meint, die beiden Frauen hätten nichts voneinander gewußt. Er selbst scheint einiges über den Aufenthalt in Royan zu wissen. Hat er Marie-Thérèse Walter gesprochen? Explizit sagt er das nie. An einer Stelle aber zitiert er sie und fügt hinzu: »...sagt Marie-Thérèse

77 Gespräch mit Brigitte Léal in Paris am 12. März 1999.

Walter heute.« Beweis genug, daß er sie getroffen hat? Scheinbar, wer sonst sollte ihm folgende Anekdote erzählt haben:

»Eines Tages sieht Marie-Thérèse Picasso aus dem Auto steigen, an seiner Seite Sabartès und eine ihr unbekannte junge Frau mit braunen Haaren. Der Maler geht auf sie zu und küßt sie. Dora ist erstaunt. Am nächsten Morgen fragt Marie-Thérèse, wer denn die Fremde gewesen sei? Picasso, mit einer ausweichenden Geste: ›Ein spanischer Flüchtling.‹«[78]

Die Vormittage nutzten Picasso und Dora, um über die Flohmärkte und Wochenmärkte in Royan zu schlendern. Nachmittags zog sich Picasso in den ersten Stock der Villa *Les Voiliers* zurück, wo er sich Anfang des Jahres 1940 ein Zimmer mit Meerblick genommen hatte, um zu arbeiten. Oder er ging in die Villa *Gerbier de Joncs*, zu Marie-Thérèse und Maya.

Auch Jacqueline Breton hielt sich mit ihrer Tochter Aube in Royan auf. André Breton war nur unweit entfernt in Poitiers stationiert. Cabanne erzählt, daß Picasso Jacqueline und Marie-Thérèse zusammengebracht habe, damit die fast gleichaltrigen Töchter miteinander spielen konnten. Dora sei deshalb so wütend gewesen, daß sie Jacqueline mehrere Tage nicht habe sehen wollen. Das ist durchaus möglich. Fatal ist nur, daß eine solche Banalität später in den Bereich sensationsgieriger Unterstellung abgleitet. Stassinopoulos Huffington macht in ihrer fabulösen Biographie aus Jacqueline die beste Freundin Doras, die sich unter Picassos Diktat mit Marie-Thérèse anfreunden mußte. Kein Wort von den Kindern. Wie immer bei Arianna Stassinopoulus Huffington wird Picasso zum brutalen Frauenhasser, der nur daran interessiert ist, zu quälen, um dann seinen

78 Cabanne, *Le Siècle de Picasso,* S. 54.

kindlichen Spaß an den Nervenbündeln zu haben, die er zurückläßt.

Für Pierre Daix, der Picasso persönlich gekannt hat und immer zurückhaltend bleibt, wenn die Fakten vage sind, ist der Aufenthalt in Royan besonders wegen Picassos künstlerischer Produktion erwähnenswert. Dort entstanden sowohl immens fröhliche als auch erschreckend grausame Bilder. Was die Porträts seiner beiden Frauen angeht, blieb er bei dem Kontrast: Marie-Thérèse in geschwungenen, ausgeglichenen Formen, hingebungsvoll. Ihre Verfügbarkeit im realen Leben übertrug Picasso in die Harmonie der Linien. Ihr Kopf ist nie angehoben, sondern opferbereit zurückgebeugt. Dora hingegen in aufrechter Haltung, die ihr eine stets hoheitsvolle Aura verleiht, mit immer entstellterem Gesicht. Die Deformation nimmt in Royan erschreckende Ausmaße an. Das Motiv der sitzenden Frau schlägt um in die Darstellung des Todes. Auch wenn man Doras schwarzes Haar, ihren kleinen Hut und die ohnehin für sie typisch gewordenen Verzerrungen wiedererkennt, heißt das nicht, daß Picasso immer Dora meinte. Er benutzte das für sie entwickelte formale Repertoire als universelle Ausdrucksmöglichkeit für das Grauen schlechthin. Bilder voller Angst und Schrecken.

Das berühmteste Gemälde, das in Royan entstand, ist *Sich kämmende Frau*. Nur noch die sinnlichen Lippen und die ins schwarze Haar greifenden Hände verweisen auf den Titel. Der Rest ist maßlos: Der überquellende Bauch, die Brüste wie Augen, die hervorbrechenden Rippen, die Riesenfüße und der tierische zweidimensionale Kopf machen aus der Frau ein Monstrum. Picasso schuf es unter dem unmittelbaren Eindruck der Kriegswirren. In dem weiblichen Koloß, der wie ein Tier in eine

Zelle eingepfercht ist, spiegelt sich für die meisten Picasso-Interpreten die Bestialität des Zweiten Weltkrieges.

Das Bild hat eine lange Entstehungsgeschichte. Picasso fertigte zahlreiche Skizzen an. Alle zeigen verdrehte und verzerrte weibliche Gestalten. Und wieder einmal meint man Dora Maar zu erkennen. »Es würde schon an Beleidigung grenzen, wollte man, wie Paul Éluard es getan hat, dieses als Portrait de Mademoiselle D. M. bezeichnen, wäre nicht, selbst in diesem extremen Fall, noch in jedem Detail ein Hinweis auf das Leben enthalten, das Picasso mit seiner Freundin teilte, und auf die Erlebnisse, visuelle und emotionale, die sie verbanden. Obwohl es mir nicht möglich ist, hier auf diese Andeutung näher einzugehen, trifft sie zweifellos zu […].«[79]

Leider erfährt man nicht, worin Penrose' Ansicht nach die Details liegen.

Picasso selbst hat sich über den Einfluß des Krieges auf sein Werk zurückhaltend geäußert. Doch daß die Bilder Produkte seines Unterbewußtseins sind und dennoch den Krieg meinen, schloß er nicht aus, als er sagte: »… als die Deutschen in Frankreich einzogen, befand ich mich in Royan, und eines Tages habe ich ein Frauenbildnis (von Dora Maar) gemalt, und als einige Tage danach die Deutschen kamen, habe ich gesehen, daß der Kopf einem deutschen Stahlhelm glich.«[80]

Am 14. Juni 1940 fiel Paris. Die Deutschen stießen zur Atlantikküste vor. Royan wurde innerhalb eines Tages von deutschen Soldaten und der ganzen Kriegsmaschinerie überrollt. Sabartés

79 Roland Penrose: *Pablo Picasso. Sein Leben – sein Werk*. München 1981 (erweiterte Neuauflage). S. 387.

80 Von Kahnweiler überliefert. Zit. nach Wilfried Wiegand: *Picasso*. Hamburg (1973) 1998. S. 117.

schreibt: »Am 23. August entschließt sich Picasso, nach Paris zurückzukehren, und am 25. verläßt er endgültig Royan mit seinem Chauffeur, Kazbek und allem Gepäck.«[81]

Das Gepäck war Dora Maar.

Paris im Krieg

Die Deutschen zeigten unmißverständlich, wer Herr der Lage war. Ohne Gegenwehr waren sie durch den Triumphbogen marschiert und hatten die Assemblée Nationale, das Pariser Parlamentsgebäude, in eine deutsche Verwaltungsbehörde umgewandelt. Vier Jahre lang wurde Frankreich terrorisiert. Paris blutete. Allen voran die Juden. Auch die Kunst litt. Die Museen wurden beschlagnahmt. Picasso bekam Ausstellungsverbot.

In Paris wurde von nun an Schlange gestanden. Man stand für Rüben, Topinambur (eine Art Kartoffelersatz), Süßstoff und Kohle an. Zigaretten wurden Luxus. Wer besorgte Dora und Picasso welche? Eigentlich hätten sie auf gar nichts verzichten müssen. Nach dem Erfolg der Picasso-Ausstellung im Museum of Modern Art in New York schoß der Bekanntheitsgrad des Malers noch einmal beachtlich in die Höhe. Man bot ihm Asyl. Doch er blieb in Paris. »Es ist wirklich nett von ihnen«, sagte er zu Sabartés. »Sie raten mir abzureisen und bieten mir alle nur denkbaren Erleichterungen und Garantien, um mich in die USA zu bringen. Es ist aber sehr weit weg, findest du nicht?«[82]

81 Sabartés, *Picasso*, S. 235.
82 Ebd., S. 239.

Hinzu kam, daß Picasso seine Bilder hätte zurücklassen müssen. Allen Befürchtungen zum Trotz wurden ihm sogar Privilegien eingeräumt. Stolz versuchte er sich dagegen zu verwahren. Oft zitiert ist seine Antwort auf das Angebot der Deutschen, mit Kohle versorgt zu werden. »Ein Spanier friert nicht«, soll er gesagt haben, um dann die bittere Kälte in seinem Atelier, das er nun auch als Wohnung bezogen hatte, ertragen zu müssen.

Die Einschränkung der Bewegungsfreiheit und die Lebensmittelknappheit verdammten viele Künstler zur Lethargie. Picasso hingegen fand, wie so oft in Krisenzeiten, einen Ausweg im Kreativen. Er begann ein Theaterstück zu schreiben und beendete es innerhalb weniger Tage. In »Le désir attrapé par la queue« (Wie man Wünsche beim Schwanz packt) werden die alltäglichen Entbehrungen Aktion. Sechs Akte lang verzehren sich die Personen nach Wärme, Essen und Liebe. So absurd die Handlung auch ist – in einer Szene zetern ein Paar Dutzend Füße im Chor: *Meine Frostbeulen, oh, meine Frostbeulen* –, bildhaft spiegeln sich darin die Entbehrungen des Krieges wider: die deutsche Besatzung, die Einschränkungen im täglichen Leben, der harte Winter, die Isolierung.

Picassos Atelier wurde zum Zentrum der inneren Emigration. Man traf sich in seinem Atelier und suchte nach Strategien gegen den Terror der »boches«. Die Stimmung war gedämpft. Immer wieder kamen Nachrichten von Freunden, die wegen ihres jüdischen Glaubens verschleppt worden waren; Berichte über Mitglieder der Résistance, die von den Deutschen gefoltert oder hingerichtet worden waren. Viele der Freunde waren nicht da. Éluard, mittlerweile als Kommunist untergetaucht, André und Jacqueline Breton in New York. In Dora Maars Nachlaß wurden weitere Briefe von dem Paar gefunden. Eine lange Nachricht von Jacqueline erreichte sie, kurz bevor die beiden vor dem Krieg nach New York flüchteten. Der Ton ist sehr vertraut. Dora erfuhr über geplante Projekte, aber auch über die unsichere Lage des Paares. Ob sie sich um die Schwester Huguette kümmern könne, die in einer prekären Lage stekke: womöglich schwanger. Gleichzeitig bot sie Dora an, sich bei ihr Kleidung und vielleicht auch Schmuck, den sie nicht mitnehmen konnte, abzuholen. Aus New York meldete sie sich dann wieder. Jacqueline berichtet von der großartigen Picasso-Ausstellung und schreibt: »Du erscheinst sehr oft. Ich mußte bittere Tränen vergießen.«[83]

Die Liebenden der Rue des Grands-Augustins

Und Dora? Sie litt unter dem Krieg, auch wenn es ihr vergleichsweise – dank Picasso – gutging. Er war das Zentrum des künstlerischen Paris. An seiner Seite traf sie die wichtigsten und interessantesten Menschen. Das Leben mit ihm sei, als lebte man im Zentrum des Universums. Genauso erregend, beängstigend, berauschend und demütigend zugleich, vertraute sie Lord an.[84]

Liebte sie ihn? War sie einer wirklichen Liebe überhaupt fähig? Man hört nichts davon. Keine großen Leidenschaften, keine Verzweiflungen. Nur Kunst, Kunst, Kunst! Die freilich alles zu sagen scheint und doch allen Deutungen ausgeliefert ist. Die zerstörte Dora, die weint – was hatte sie zerstört? Picassos Liebe zu sich selbst?

83 Die Briefe wurden auszugsweise im Auktionskatalog *Les Livres de Dora Maar. Autographes et Documents – 29 octobre 1998* veröffentlicht.

84 Lord, *Picasso,* S. 150.

Françoise Gilot schreibt in ihren Erinnerungen: »Pablo sagte immer, daß er eine große Zuneigung für Marie-Thérèse empfunden und sich nicht so viel aus Dora Maar gemacht habe. Aber sie war eine sehr intelligente Frau.«[85] Weiter schreibt sie: »Er erzählte mir, daß er immer zusammen mit Marie-Thérèse und Maya in die Ferien ging, nicht mit Dora Maar.« Das stimmt nachweislich nicht. Nun wird keine Frau, erst recht nicht, wenn sie so jung ist wie Gilot, gern mit ihren Vorgängerinnen konfrontiert. Um jeglichen Zweifel auszuräumen, war es das einfachste für Picasso, die Liebe herunterzureden. Denn Françoise Gilot ließ sich so lange nicht mit Picasso ein, bis Dora den Bruch bestätigte. »Daß er mit Dora ein Leben im Geiste führte«[86] – damit mag er Gilot beschwichtigt haben. Ganz undenkbar ist es allerdings nicht. Obgleich: die Aktzeichnungen. In Maars Nachlaß wurde eine wunderschöne realistische Zeichnung vom 2. April 1943 versteigert. Dora steht aufrecht, ihr nackter Körper ist nur mit einem durchsichtigen Umhang umhüllt. Undeutlich zeichnen sich Scham und Busen ab. Ihr Gesicht dagegen wirkt aufgesetzt, kalt, unnahbar. Das Bild schwankt zwischen erotischem Zauber und psychologischer Skizze. Sah Picasso Dora so? Eine nach außen hin starre Persönlichkeit von berstender erotischer Magie. Wie steht es mit den Behauptungen, Dora sei schon vor der Nervenkrise, die sie am Ende der Beziehung erlitt, psychisch labil gewesen? Was immer sie war, eine bequeme Partnerin war sie ganz gewiß nicht – auch Picasso muß einiges erduldet haben. Und kein Genie erduldet aus Altruismus. Weshalb also? Aus Liebe?

»Immer begehrend, des Gewonnenen immer wieder überdrüssig wie der große Verführer aus Sevilla [Don Juan], unter-

85 Gilot, *Picasso,* S. 197 f.
86 Ebd., S. 198.

wirft er sich stets nur einer Frau, um sich dann durch seine Arbeiten von ihr zu befreien. Ein Liebesabenteuer ist für ihn kein Selbstzweck, sondern das unentbehrliche Stimulans seiner schöpferischen Kraft und darum zu ernst, um flüchtig und heimlich sein zu können … Lieber Tränen und Dramen als ein züchtig über Namen und Antlitz der von ihm geliebten Frau geworfener Schleier.«[87]

Brassaïs Interpretation wird indirekt von Pierre Daix bestätigt: »Für Dora hat er neue Kunstobjekte erfunden: die bemalten Steine oder die Papierrisse oder die kleinen Vögel aus Zinnkapseln. Dora hat ihn ungeheuer intellektuell angeregt. Es ist eine Periode ungeheuren Erfindungsreichtums Picassos, wenn man allein an die ganzen Skulpturen denkt, der geniale ›Stierschädel‹ aus einer Lenkstange und einem Sattel eines Fahrrads von 1942 oder der berühmte ›Mann mit Lamm‹ von 1943. Hier spielt ein intellektuelles Kriterium eine Rolle, das man in der Zeit mit Françoise nicht findet. Die Liebe zu Dora hat ihn ungeheuer inspiriert. Dora konnte vor Wut explodieren. Picasso liebte das.«[88]

Auch wenn Pierre Daix sich aus kunsthistorischer Sicht äußert, wirft die Antwort – auf meine Frage, welche Rolle Dora Maar im Leben Picassos gespielt hat – doch ein Licht auf den Mann Picasso. Inmitten seiner künstlerischen Produktion steht immer wieder ihr Porträt. Oft entstand es nebenbei. Wenn er eigentlich nicht arbeitete. Im Restaurant zum Beispiel. Rechnungen und Streichholzschachteln wurden Träger zarter Miniaturporträts. All diese filigranen Kostbarkeiten zeugen von Spaß, Zärtlichkeit und Inspiration.

87 Brassaï, *Gespräche*, S. 81.
88 Gespräch mit Pierre Daix in Paris am 13. März 1999.

Auch andere Kreationen – Erinnerungen an ihre gemeinsamen Mittage und Abende im *Catalan* – fand man in Doras Schublade. Neben ihren Porträts tauchten Satyrmasken, Kindergesichter, Totenschädel und viele Tiere auf. Besonders Hunde schienen es Picasso angetan zu haben: Der kleine Papierriß *Le bichon blanc* (Der weiße Bologneser) verkaufte sich für umgerechnet ca. 45 000 DM. Dora gestattete 1946, zwei Jahre nach dem Bruch mit Picasso, ihrem ehemaligen Kollegen Brassaï, diese winzigen Erinnerungsstücke abzufotografieren. Brassaï erinnerte sich:

»Dora besaß ein weißes Bologneserhündchen, an dem sie sehr hing. Eines Tages ging es verloren, und um seine unglückliche Freundin zu trösten, hat Picasso mehrere Tage lang bei jeder Mahlzeit den kleinen Hund mit den großen schwarzen Augen und den Hängeohren wieder lebendig werden lassen. Nase, Augen und Schnauze sind manchmal mit einem Streichholz oder einer Zigarette eingebrannte Löcher. Man sieht nicht mehr das wattige Papier der Serviette, sondern das seidige, wellige weiße Fell des wieder ins Leben gerufenen Hündchens, das einen durch die Zotteln seiner langen Haare ansieht.«[89]

Brassaï begriff Doras und Picassos Beziehung instinktiv. Zumal er beide gekannt und erlebt hat. Nicht den stichelnden, sondern den liebevollen Picasso entdeckte er, der mit Witz und Phantasie zu trösten verstand. Gewiß: man lacht auch unter Tränen oder muß lachen, wenn man gar nicht lachen will. Trost gibt es nicht. Aber das liebevolle Bemühen ist weit entfernt von Gleichgültigkeit oder Gefühlskälte.

Dora sah das später anders. James Lord erzählte sie, Picasso habe ihr nach dem Verlust des Hündchens eine Katze ge-

89 Brassaï, *Gespräche*, S. 150 f.

schenkt – obwohl er genau gewußt habe, daß sie Katzen nicht leiden mochte.

Die gestreifte Bluse

Die Papierhündchen hat sie bis zu ihrem Tod in der Schublade verwahrt. Entgegen vielen Behauptungen hat Dora Maar aber längst nicht alles behalten, was Picasso ihr geschenkt hat. Wovon sollte sie gelebt haben?

Was sie alles verkauft hat, läßt sich heute nicht mehr genau feststellen. Auffallend ist, daß die Gemälde in ihrem Nachlaß vorwiegend aus den Anfangsjahren ihrer Beziehung zu Picasso stammen. Abgesehen von der *Weinenden* sind es immer Bilder der jungen und anmutigen Dora.

Verkauft hat sie anscheinend auch das Porträt vom 9. Oktober 1942.[90] Es zeigt sie in einem rot-grün gestreiften Kleid mit weißem Zierkragen. Ihre dünnen Arme liegen fröstelnd an dem weichen weißen Körper. Das Gesicht ist selten realistisch gemalt. Der fest zusammengedrückte Kiefer unterstreicht die Verschlossenheit ihres Gesichts. Ihr dunkles Haar ist glatt nach hinten gebürstet. Trotz des farbigen Kleides strahlt das Bild eine düstere, nahezu depressive Stimmung aus.

Für Brigitte Léal ist »es ein sehr melancholisches Bild, ein wirklich privates, zumal er es in einem Moment malte, wo er angefangen hatte, sie mehr und mehr animalisch darzustellen.

90 Das Bild befindet sich heute in der Sammlung Stephen Hahn in New York. Antonina Vallentin zufolge war es 1958 noch in dem Besitz von Dora Maar.

Man denke an die vielen Bilder, wo ihre Nase zu Stiernüstern werden. Er malte sie so, als Dora mit dem Tod ihrer Mutter beschäftigt war.«

Das Modell leidet. Die Stirn ist in zarte Falten geschlagen, die Augen gleiten trübe am Betrachter vorbei, die Lippen sind fest zusammengepreßt. Picasso steckte – wie so oft – Dora in einen schwarz-blauen, zellenartigen Raum.

Mit diesem Bild hat es eine besondere Bewandtnis. Dora berichtete James Lord von der Szene, die Picasso beim Tod ihrer Mutter veranstaltet hatte. Obwohl sie sich mit ihrer Mutter ständig in den Haaren gelegen hatte (u. a. wegen der Beziehung zu Picasso), traf sie der plötzliche Tod 1942 hart. »Und Picasso veranstaltete daraus ein Schauspiel, kam und ging mit Freunden, Sabartés, Marcel, widerlich. Nur um die Wichtigkeit des Todes zu schmälern, wissen Sie, weil er ihn so sehr fürchtet.«[91] Er fürchtete ihn wie ein kleines Kind. Für ihn gab es »Tod« gar nicht. Er marschierte hin und her wie ein kleiner Junge, der im dunklen Wald singt.

Zur gleichen Zeit bat Picasso Jean Cocteau, ein Porträt von Dora zu malen. Picasso und Cocteau sahen sich wieder häufiger. Die enge Beziehung der 20er Jahre hatte sich gelöst. Nicht zuletzt, weil Picasso mit den Surrealisten befreundet war, die den Paradiesvogel Cocteau haßten – besonders Éluard. Doch nun, da er sich vor den Deutschen verstecken mußte, traf Picasso sich wieder mit Cocteau. Auch wenn dieser mit den Deutschen sympathisierte. Das taten viele andere Künstler auch, den Kollaborateuren vertrauten die Besatzer wichtige Posten an. Doch im Gegensatz zu seinen meist reaktionären Kollegen war Cocteau geistreich, lebhaft und charmant.

91 Lord, *Picasso,* S. 158.

Eines Nachmittags machte er sich an Doras Porträt. Auf Picassos Geheiß wurde es ein schlichtes lineares Gemälde mit schwarzem Hintergrund. Bravo! Picasso strahlte. Auch Dora war zufrieden, denn, so sagte sie James Lord[92], endlich habe sie mal jemand ausgeglichen und attraktiv dargestellt. Doch sobald Cocteau gegangen war, fügte Picasso Nachbesserungen ein. Das paßte nicht. Und das stimmte nicht. Mit wenigen Strichen entstand schließlich ein völlig neues Porträt. Offenbar hatte er alles übermalt. Dora behauptete später, nie ein derartiges Kleid besessen zu haben und auch ihre Gesichtszüge seien reine Erfindung. Erreichen konnte sie nur noch, daß Picasso ein kleines Fenster, das den Raum wie eine Gefängniszelle wirken ließ, übermalte. So verschloß Picasso auf ihre Bitte hin die letzte Öffnung nach außen.

Interessanterweise stößt man beim Durchblättern des Auktionskatalogs auf ein Foto, das Dora Maar in einem Oberteil zeigt, das dem Kleidungsstück des Porträts vom 9. Oktober 1942 zum Verwechseln ähnlich sieht. Leider ist das Bild, das der Fotograf Izis 1946 von ihr machte, schwarz-weiß. Aber selbst wenn Dora tatsächlich nie ein solches Kleid besessen hätte, verwundert, warum sie auf einmal so peinlich genau auf Accessoires achtete. Verwöhnt war sie in dieser Hinsicht nicht. Dora sagte zu Lord, ihr Gesichtsausdruck sei »frei erfunden«. Aber war sie in dieser Zeit nicht wirklich traurig? Vielleicht war das der Grund, warum Picasso etwas verändern mußte. Sah sich Dora in diesem Bild mit ihrer psychischen Labilität konfrontiert und suchte sie zu verdrängen? Schließlich, so Vallentin, verkaufte sie das Bild.

Im Dezember 1946 schaute sich Brassaï zusammen mit Pi-

92 Ebd., S. 158f.

casso die Bilder der letzten sieben Jahre an. Darunter auch Doras Porträt vom 9. Oktober 1942. Brassaï notierte:

»Ich: ›Dieses Bild mag ich besonders gern, vor allem die Bluse … Das ist ein schönes Stück Malerei …‹ Picasso: ›Es freut mich, daß Ihnen die Bluse aufgefallen ist … Ich habe sie mir übrigens ganz und gar ausgedacht, es hat sie nie gegeben … Man mag über die Leichtigkeit, mit der mir alles von der Hand geht, denken oder reden, was man will, auch ich muß manchmal lange um ein Bild kämpfen. Diese Bluse hat mich viel Schweiß gekostet … Monatelang habe ich immer und immer wieder daran gemalt …‹«[93]

Von Cocteau kein Wort. Und in der Tat, was blieb von Cocteau übrig? Was von Appelles Fenosa, dem katalanischen Bildhauer, der im Auftrag Picassos eine Skulptur von Dora modellierte?

Picasso unterstützte den aus Franco-Spanien entflohenen Künstler, indem er ihm den Auftrag zahlte. Das war nicht selbstverständlich. Denn es war eine Ehre, für Picasso zu arbeiten und dann auch noch seine Freundin modellieren zu dürfen. Doch was blieb von Fenosa? Gar nichts, laut Dora Maar.[94] Picasso formte, sobald der Bildhauer die Wohnung verlassen hatte, den noch warmen Ton zu einer neuen Figur um.

Werner Spies, der das Werkverzeichnis zu Picassos plastischem Œuvre herausgegeben hat, führt diese Bronzebüste auf, ohne Fenosa mit einer Silbe zu erwähnen.[95]

Wußte das der Käufer, der die schöne Büste am 28. Oktober 1998 ersteigert hat?

93 Brassaï, *Gespräche*, S. 166.

94 Lord, *Picasso,* S. 160.

95 Werner Spies, Christine Piot: *Katalog der Ausstellung Picasso – Das plastische Werk*. Berlin, Düsseldorf 1983–1984. No. 198.

Die Auktionatoren verweisen bibliographisch zwar auf den Katalog, geben als Künstler aber Fenosa an. Die in Bronze gegossene Skulptur hätte als ein »Picasso« vermutlich das Zehnfache erbracht! War es biographische Gewissenhaftigkeit? Aber dann hätten sie auch auf Brassaï hinweisen müssen. Denn vielleicht ist die Büste, die er in seinen Erinnerungen erwähnt, eben jene von Fenosa. Am selben Tag, als der Fotograf Dora ihrer »Kleinigkeiten« wegen aufsucht, kommt er auch auf eine Büste von ihr zu sprechen. Picasso hatte Brassaï kurz zuvor empfohlen, sie sich diese bei ihr anzugucken, da seinem Exemplar ein Mißgeschick passiert sei.

»Als ich Dora Maar auf die ›patinierte‹ Bronze bringe und auf das ›Ungeschick‹, lacht Dora laut heraus. Dora Maar: ›Wissen Sie denn nicht, wie Picasso meine Büste patiniert hat? Er hat ganz einfach darauf gepinkelt … Und das mehrere Tage nacheinander … Er hat sich wohl geniert, Ihnen das zu sagen … Die Bronze ist scheußlich anzusehen.‹«

Ein Verfahren, das auch der berühmte Bildhauer Aristide Maillol anwendete. Er sprengte jeden Morgen seinen Garten. Brassaï hat er anvertraut, daß er sich manchmal in Paris »zurückhielt«, um das »kostbare Naß« für zu Hause aufzubewahren.

Dora Maar: »Picasso hat das auch geglaubt … Aber das Ergebnis ist katastrophal … Die Bronze ist grün geworden, aber es ist ein unvorstellbar scheußliches Grün … Und das mußte ausgerechnet meiner Büste passieren.«[96]

Nun ja, ein schönes – trockenes – Exemplar besaß sie ja noch. Wahrscheinlich war es dieses Exemplar, das in der Auktion für umgerechnet nur 21 000 DM unter den Hammer kam.

96 Brassaï, *Gespräche,* S. 151.

Am 24. Januar 1943, einem Sonntag, besuchte Picasso Dora am Nachmittag in ihrer Wohnung in der Rue de Savoie. Das war bestimmt nicht verabredet. Denn der Sonntag gehörte gewöhnlich »la petite famille«, Marie-Thérèse und der kleinen Maya, die nun wieder in Paris wohnten. Was war an diesem Tag anders als sonst? Picasso brachte Dora Maar ein Exemplar der »Histoire Naturelle« von Georges Louis Buffon. Buffon war der große Naturforscher des 18. Jahrhunderts, dessen Naturgeschichte Picasso illustriert hatte. Jetzt endlich – nach fünf Jahren – lag das Buch mit 31 Illustrationen vor. Das allein wäre keine Erwähnung wert. Aber es blieb nicht bei den bereits gedruckten Abbildungen. Kaum bei Dora angekommen, machte er sich an die spontane Vervollständigung des Buches. Diesmal ließ er keine Käfer krabbeln, sondern zierte ganze Seiten mit Köpfen klassischer Helden, Pferden, Affen, Widdern und Phantasiewesen. Vierzig an der Zahl. Sie entstanden, so schreibt er auf die letzte Seite, »im Laufe des Nachmittags des 24. Januar 1943 in der Rue de Savoie Nr. 6«. Jede Seite ist für sich genommen ein kleines Meisterwerk. Das schönste ziert das Deckblatt: Dora Maar als Vogel mit beachtlichen Brüsten und prachtvoller Scham. *Per Dora Maar tan bufona*. Das ist Katalanisch – und bedeutet *Für Dora Maar – so bezaubernd*. Schnell stellte er noch ein verstärkendes *re* voran, und aus der Widmung wird ein Kalauer. *Re* unterstreicht nicht nur, sondern klingt nach *rebufant* – die Zurückweisende! Es war ein Spaß, denn in *rebufona* steckt auch *bufó*: der Hofnarr.

Warum hatte Picasso mit seinem Besuch nicht bis Montag gewartet und statt dessen wie gewohnt Marie-Thérèse und Maya besucht? Hatte er es so eilig, Dora das Buch zu überreichen? Lange genug hatte er darauf warten müssen. Papiermangel und Produktionsbeschränkungen hatten vier Jahre lang den Druck verzögert. Nun war das Buch da, und Picasso wollte seine Freude mit jemandem teilen. Und dieser Jemand blieb im langen, langen Krieg Dora Maar. Pierre Daix:

»Doras Präsenz in seinen Bildern liegt nicht nur an der Tatsache, daß er sie ständig physisch vor Augen hatte. Anders als ihre Vorgängerinnen tat sie ihre Meinung kund und teilte darüber hinaus als Fotografin und Malerin die visuelle Erfahrung. Und das war für Picasso sehr wichtig.«[97]

Der Fischhut

Die Lage in Paris verschlechterte sich zunehmend. Massenverhaftungen waren an der Tagesordnung. Juden wurden ausgeplündert, abgeführt und in den Osten deportiert. Die Deutschen bestimmten den Alltag. Eine Änderung war nicht in Sicht. Picasso bekam die deutsche Kulturpolitik am eigenen Leib zu spüren. Nicht nur, daß man ihm Ausstellungsverbot erteilte, seine Bilder verbrannte, man versuchte ihn mit Hilfe kollaborierender Intellektueller öffentlich zu diffamieren. Von alldem blieb er persönlich nicht so unberührt, wie es in Biographien oft den Anschein hat. So traute Picasso sich nicht, seine abgelaufene Aufenthaltsgenehmigung zu verlängern, aus Angst, bei dieser Gelegenheit in das Spanien Francos ausgeliefert zu werden. Es gab sogar Pläne der deutschen Machthaber in Paris,

97 Gespräch mit Pierre Daix in Paris am 13. März 1999.

Picasso zu internieren. Er wußte nichts davon. Aber Cocteau. Dieser bat Arno Breker um Hilfe. Überzeugt von der Bedeutung Picassos, gab Breker die Order, den bedeutenden Maler in Ruhe zu lassen.[98]

Im Nachlaß von Dora Maar befand sich auch eine Postkarte von Cocteau vom 24. März 1941: »Seit einigen Tagen – zu Tode erkältet – versuche ich Sie anzurufen, aber das Klingeln verschwindet im Nichts. Ich möchte so gern wissen, ob die Fotos Ihnen gefallen. Ich möchte weder Picasso noch Sie stören, aber ich denke unentwegt an Sie. Ich wollte im *Deux Magots* vorbeikommen, aber ich fürchtete Ärger mit Éluard, falls er auch dort ist [...]«

Wahrscheinlich war Éluard dort. Als er später untertauchen mußte, hielt er stets Kontakt zu Dora. Regelmäßig sandte er ihr Briefe oder Exemplare seiner Gedichtsammlungen mit liebevollen Widmungen: »Meiner schönen Freundin Dora, Malerin der äußersten Grenzen« oder »Dora, obskur wie eine offene Hand und klar wie ihre Hand in meiner Hand verschlossen«. Aus Vezelay, wo er mit Nusch bei den Zervos Unterschlupf gefunden hatte, schrieb er am 22. Januar 1942: »Es ist sehr kalt hier, aber die Sonne scheint [...] ich versuche zu arbeiten. Arbeitest Du? Wenn ja, bekomme ich bei meiner Rückkehr ein Bild von Dir [...].«[99] Nusch fügte hinzu: »Ich langweile mich ohne Dich. Ein Zimmer wartet hier auf Deinen Besuch. Schreib mir – und komm mit Skiern, Deiner Staffelei und Deinem Lächeln. Deine Nusch.« Einen Monat darauf erreichte

98 Vgl. Ullmann, *Picasso und der Krieg*, S. 213, Anm. 449.

99 In Éluards Nachlaß befanden sich drei Landschaftsmalereien. Am 26. Februar 1946 schrieb er Dora aus Biarritz: »Ich war von Deinen letzten Bildern sehr berührt. Ein Eindruck von Größe und Reinheit, den Deine Person uns immer vermittelt hat, blieb in mir zurück.«

Dora ein anderer Brief von Éluard mit Leseeindrücken und Buchempfehlungen: »Cécile schreibt uns, daß Du ein blauer Vogel bist. Wir glauben es ihr.« Vieles aus der Hand Pauls befand sich im Nachlaß von Dora Maar, seiner »unentbehrlichen Freundin«. Wahrscheinlich auch das Gedicht »Couvre-Feu« (Ausgangssperre), in dem Éluard eindrucksvoll die Atmosphäre der deutschen Besatzungszeit einfängt.

Couvre-Feu
Que voulez-vous la porte était gardée
Que voulez-vous nous étions enfermés
Que voulez-vous la rue était barrée
Que voulez-vous la ville était matée
Que voulez-vous elle était affamée
[...]

Ausgangssperre
Was wollt ihr, die Tür war bewacht;
Was wollt ihr, wir waren eingeschlossen;
Was wollt ihr, die Straße war versperrt;
Was wollt ihr, die Stadt war bezwungen;
Was wollt ihr, sie war ausgehungert.[100]

Auch Dora und Picasso litten. »Eine Zeitlang sprach man nur davon, was einem fehlte, wie schlecht es uns ging«, erzählte die 87jährige Maar.[101] »Wir hatten kein Öl und auch keine Butter.« Doch im Vergleich zu anderen ging es ihnen noch gut. Gab es doch noch den ein oder anderen Geheimtip. Brassaï erinnerte sich:

100 Paul Éluard: *Au rendez-vous des allemands*. Paris 1944. Übers. von T. F.
101 Dora Maar im Interview mit Victoria Combalía 1994.

»Wir gehen durch die Rue des Grands-Augustins und kommen am *Catalan*, an Picassos Stammlokal, vorüber. Es ist geschlossen. Vor einigen Tagen ist die Lebensmittelpolizei dort gewesen, sie hat Picasso und einige Stammgäste auf frischer Tat ertappt: Sie aßen an einem der drei fleischfreien Wochentage gegrillte Chateaubriands. Das Restaurant wurde für einen Monat geschlossen, und Picasso hat Strafe zahlen müssen.«[102]

In der Zeit der Not und Entsagung entstanden einige Porträts von Frauen mit merkwürdigen Hutkreationen. Brigitte Léal:

»Dora Maar, die zu den elegantesten Frauen in seinem Kreis gehörte, trug immer diesen kleinen, putzigen Hut, den Picasso zunächst noch sehr schmeichelnd abbildete. Doch in dem Maße, wie die Porträts sich entwickeln, verändert sich auch der Hut: So trägt z. B. eine Karikatur mit verzerrtem Gesicht einen dampfenden Fisch samt Besteck auf dem Kopf.«[103]

Brigitte Léal deutet die Veränderung der Hutform psychologisch, als eine weitere Deformation der Persönlichkeit Doras. Doch hier zeigt sich noch deutlicher, daß nicht jede Verzerrung ihre innere Zerrissenheit meint. Das Bild, auf welches Léal sich bezieht, datierte Picasso auf den 19. April 1942. Er hatte immer wieder Doras Schwäche für die neuesten Hutkreationen aufgegriffen und auf absurde Weise entstellt. Hier aber nimmt die Kopfbedeckung konkrete Formen an. Den Fisch mit Zitrone gibt es zwar auf Picassos Bild, aber schon lange nicht mehr für die hungernde Bevölkerung von Paris. Die Nahrung auf dem Kopf einer Frau mit verhärmten Augen und eingefallenem Mund kritisiert die gesellschaftlichen Zustände und nicht das Modell.

102 Brassaï, *Gespräche*, S. 64.
103 Gespräch mit Brigitte Léal in Paris am 12. März 1999.

Nicht alle Bilder von Dora sind verzerrt. Auch in den Kriegsjahren entstanden sehr zärtliche Zeichnungen, z. B. der Akt vom 20. August 1941.

Sie habe sich schrecklich über das Bild geärgert, sagte Dora zu James Lord.[104] Den Grund aber verschwieg sie. Wahrscheinlich, weil er zu offensichtlich war. Es existiert eine in Farbgebung und Pose sehr ähnliche Darstellung von der nackten Nusch Éluard. Genauso intim. Die Nackheit an sich wird kein Problem gewesen sein. Unverhüllt hatte sich auch schon Jacqueline Lamba, Bretons zukünftige Frau, dem Paar gezeigt. Im Nachlaß waren Bilder einer gemeinsamen Fotosession, in der jeder jeden knipste: Dora mit Blätterkrone auf dem Kopf, Picasso im Unterhemd, Jacqueline nackt.

Aber: Picasso hatte Nusch am 19. August 1941 in sein Atelier gebeten: Er hatte sie Dora *vor*gezogen.

Die Fotografien von Jacqueline behielt sie, den Akt vom 20. August 1941 nicht. Wenn verletzte Eitelkeit der Grund war, warum hat sie dann nicht auch die Grafik verkauft, die Marie-Thérèse in den ihr zugeordneten abstrakten, üppigen Formen zeigt? Die kleine, seltene, kolorierte Grafik von 1932, die in ihrem Besitz war, kam in der Auktion für mehr als 80 000 DM unter den Hammer.

104 Vgl. Lord, *Picasso,* S. 160.

Nachdem Picassos Refugium, das Haus in Tremblay, 1940 von den Deutschen besetzt worden war, wohnte Marie-Thérèse mit der kleinen Maya auch in Paris, am Boulevard Henri-IV – nur eine Viertelstunde Fußweg von der Rue des Grands-Augustins entfernt. Picasso sah sie donnerstags und sonntags. Ahnte Dora, daß Picasso ihr glühende Liebesbriefe schrieb?

James Lord erinnerte sich nur einer einzigen Bemerkung Doras über ihre Rivalin. Als sie im Auto an Tremblay vorbeifuhren, kamen in ihr Erinnerungen hoch. Nicht ohne Bitterkeit erzählte sie, wie sehr sie darunter gelitten habe, wenn Picasso ihre Rivalin dort besucht habe. Gelegentlich sei sie in einem Taxi nach Tremblay gefahren, um etwas von der Familienidylle zu erspähen. Natürlich sah sie nichts und fuhr wieder nach Hause. Mehr erzählte sie Lord nicht.

Schwierig, etwas über das Verhältnis von Dora und Marie-Thérèse herauszufinden. Maya Picasso, heute 65 Jahre alt, war leider nicht bereit, mit mir zu sprechen.

Bleibt nur der Rückgriff auf die Biographen Picassos. Allen voran Pierre Cabanne und Arianna Stassinopoulos Huffington – die einzigen, die detailliert auf das Verhältnis der beiden Frauen eingehen. Cabanne hat 15 Jahre vor Huffington sein Buch geschrieben. Vieles ist bei ihr wiederzufinden.[105] Auch folgende Episode:

Oft, wenn Dora sich ein neues Kleid bei ihrem Schneider anfertigen ließ, schickte Picasso eine Kopie an Marie-Thérèse. Der Lieferant irrte sich einmal und brachte die Ware nicht auftragsgemäß in die Rue de Savoie, sondern zum Boulevard Hen-

105 Cabanne, *Le Siècle de Picasso.* S. 81.

ri-IV. Marie-Thérèse, nicht dumm, rief bei Picasso in der Rue des Grands-Augustins an. Da dieser nicht zu Hause war, ging sie geradewegs zu Dora. Die Rivalin machte ihr die Tür auf. Bittersüße Worte wurden ausgetauscht, während Picasso im Nebenzimmer lauschte. Doch Marie-Thérèse ließ es nicht dabei bewenden. Am Nachmittag besuchte sie Picasso und forderte ihn auf, sie zu heiraten. Picasso versuchte sich herauszureden: Er sei zu alt, das sei lächerlich, und außerdem sei jetzt Krieg und alles sehr kompliziert. Alsbald trat Dora zur Tür herein, sah, wer da war, und schrie: »Aber Picasso, Sie lieben mich. Sie lieben mich.« Daraufhin griff Picasso Marie-Thérèse am Nacken und verkündigte: »Dora Maar, Sie wissen ganz genau, daß die einzige, die ich wirklich liebe, Marie-Thérèse Walter ist. Und hier ist sie. Schauen Sie.« Schließlich kam es zu einer lautstarken Auseinandersetzung zwischen beiden Frauen. Dora ohrfeigte Marie-Thérèse und rauschte aus dem Atelier. Picasso ließ sich noch zu einem Du-weißt-wie-sehr-ich-dich-liebe zur Zurückbleibenden hinreißen. »›Danach gab er mir meine fünf Kilo Kohle, und ich ging zu mir nach Hause. Nun. Das wäre alles‹, fügte Marie-Thérèse melancholisch hinzu.«

(In der Biographie Cabannes siezt Picasso seine Freundin Dora. Man denkt an die Hoheitsbezeugungen Sartres und Simone de Beauvoirs, die sich ein Leben lang siezten.

Auf Postkarten, die Picasso 1937 an Dora schickte, wahrt er tatsächlich die Höflichkeitsform. Doch in einer Mitteilung im April 1940, die auf der Auktion im Oktober '98 versteigert wurde, duzt er sie – verabschiedet sie dann aber in einer poetischen Floskel mit einem Sie. In den Erinnerungen von Brassaï und Lord gibt es keinen Zweifel: Picasso duzte Dora.

Und sie? Françoise Gilot erinnerte sich ebenfalls an das

freundschaftliche Du. Allerdings hat Dora Picasso beim Nachnamen genannt. So Lord: »Sie sagte, es gebe nichts Erhebenderes, als einen großen Mann bei dem Nachnamen zu nennen, der ihn groß werden ließ.«[106])

Gilot berichtet von einer ganz ähnlichen Auseinandersetzung zwischen Marie-Thérèse und Dora. Sie erinnert auffallend an die Episode von vorhin. Ort und Personen sind dieselben, nur die Zeit eine andere. Picasso arbeitet gerade an *Guernica*. Tür auf, Marie-Thérèse tritt ein, Schreien: Entscheide dich. Sie oder ich. Picasso schweigt – wie immer vergnügt. Schließlich ringen Marie-Thérèse und Dora auf dem Boden miteinander.

An dieser Stelle bricht die »erlesenste Erinnerung«, so Picasso bzw. Gilot, leider ab.[107] Erzählen Cabanne und Gilot nicht vielleicht ein und dieselbe Szene?

Andere Biographen äußern sich zurückhaltender über Picassos Verhältnis zu den beiden Frauen. Fast immer wird die Antwort in seinen Bildern gesucht. In der Sammlung Berggruen hängt eine wunderbare Tuschzeichnung aus dem Jahre 1941 (*Zwei Frauenakte*). Wie in vielen Frauenakten, die in den Kriegsjahren entstanden sind, sitzt eine Frau am Bett zu Füßen der anderen, die hingebungsvoll daliegt. Es muß nicht mehr betont werden, daß in den meisten kunsthistorischen Beschreibungen die Liegende mit Marie-Thérèse Walter und die Sitzende mit Dora Maar identifiziert wird. Ähnlich der Kommentator des Bildes in der Berggruen-Sammlung: »Wenn es stimmen sollte, daß Picasso bei der Liegenden die ›sinnlich-warme, hingabebereite‹ Marie-Thérèse Walter und bei der Sit-

106 Lord, *Picasso*, S. 209.
107 Gilot, *Picasso*, S. 179.

zenden die ›widerstrebend-eigenwillige‹ Dora Maar im Auge hatte, so wäre es durchaus vorstellbar, daß Picasso in diesem diffusen Raum mit den beiden gleichzeitig geliebten Frauen sich selbst einen Zufluchtsort schaffen wollte.«[108] Nur trägt keine von beiden die Züge von Marie-Thérèse. Beide Nackte sind dunkelhaarig. Die Liegende sieht eher Dora ähnlich, so auch in *Liegender und stehender Frauenakt* vom 1. Februar 1942. Ist es nun weder die eine noch die andere? Oder eine Doppelansicht von Dora: liegend-hingebungsvoll und sitzend-eigenwillig? Pierre Daix[109]: »Für Picasso zählte ausschließlich seine Kunst, egal, wie es um seine Herzensangelegenheiten beschaffen war. Er hätte sich gewünscht, vielmehr war es sein Traum, daß es keine Schwierigkeiten in seinen Beziehungen gibt. Daß er arbeiten kann, wann er will, und daß keine Frau eifersüchtig ist. Das war sein Traum im Leben. Aber das konnte so nicht funktionieren, weil er sich selber immer wieder in komplizierte Geschichten brachte. Das machte ihn traurig, aber er konnte nicht anders. Picasso hätte am liebsten all seine Frauen um sich versammelt. Damit hätte *er* überhaupt kein Problem gehabt.«

108 Ausstellungskatalog *Die Sammlung Berggruen: Picasso und seine Zeit. Neuerwerbungen*. Berlin 1999. S. 332.
109 Gespräch mit Pierre Daix in Paris am 13. März 1999.

Dritter Teil: 1943–1997

Die Neue

Ein Mittwochabend im Mai 1943. Dora Maar und Picasso saßen mit Freunden in ihrem Stammlokal. Es wurde getrunken, gegessen und lebhaft diskutiert. Ein typischer Abend im *Catalan.* Nicht aber für die beiden jungen, hübschen Damen am Nachbartisch. Besonders nicht für die unter dem grünen Turban. Picassos Blick schweifte immer wieder dorthin. Bis seine Aufmerksamkeit schließlich ganz den Tischnachbarinnen galt. Mit einem Mal nahm er sich das Dessert, eine Schale Kirschen, und ging zu ihnen. Aus den Augenwinkeln, denn Dora wandte sich ostentativ den Freunden zu, konnte sie beobachten, wie Picasso sich liebenswürdig um die jungen Damen bemühte. Brav nahmen sie Kirschen aus der Schale und antworteten artig auf seine Fragen. Nach kurzer Zeit kam Picasso zufrieden an den Tisch zurück, stellte die Schale wieder hin und fiel ins Gespräch ein, als hätte er nie den Tisch verlassen. Françoise Gilot beschreibt ihre erste Begegnung mit dem Maler in ihren Erinnerungen »Leben mit Picasso«.[110] Natürlich aus eigener Sicht. Sie war diejenige, die an diesem Abend ihr dunkles, schönes Haar unter einem grünen Tuch verborgen hatte.

Die 21jährige Françoise Gilot wußte, wer die Frau mit dem »schönen ovalen Gesicht mit dem ziemlich starken Kinn«, dem »schwarzen zurückgerafften Haar« und »einer gewissen Starr-

110 Gilot, *Picasso,* S. 10 ff.

heit«[111] war – sie kannte Picassos Werk gut genug, um Dora Maar wiederzuerkennen. Dora war die junge Frau gänzlich unbekannt.

Picasso lud die beiden Freundinnen ins Atelier ein. Eigentlich nicht weiter erwähnenswert. Nur, daß es bei einem Besuch nicht blieb. Nach einer Sommerpause – Françoise Gilot verreiste für einige Monate – wurde die junge, selbstbewußte Malerin, Tochter aus bürgerlichem Haus, Stammgast in der Rue des Grands-Augustins. Zwei bis drei Vormittage in der Woche habe sie zu Beginn an der Seite Picassos verbracht, erinnerte sich Gilot 20 Jahre später. Das Wochenende war nach wie vor für Marie-Thérèse und Maya reserviert, und so blieb noch weniger Zeit für Dora. Schließlich bat Picasso die Neue, nachmittags vorbeizukommen. Dann seien Sabartés und der ganze Hofstaat nicht mehr da. Sie kamen sich näher. »Ich fühlte auf einmal, daß ich ihm völlig vertrauen konnte und daß ich anfing, den Beginn meines Lebens zu leben«[112], schreibt Gilot über ihren ersten Nachmittagsbesuch bei Picasso. Auch Picasso blühte auf. »Schlafwandler«[113] nannte er sich und das junge Mädchen und beschwor die Leichtigkeit des Seins, die er sich von dieser Beziehung wünschte. All das, was er mit seiner damaligen Freundin nicht hatte. Denn leicht war Dora Maar nie gewesen.

Doch die Bekanntschaft mit Françoise Gilot bedeutete für ihn noch lange nicht den Bruch mit Dora. Er sah sie weiterhin, wenn auch nicht so oft. Man weiß: Picasso konnte gut mit zwei Frauen leben. Warum nicht gar mit drei? Doch unweigerlich nagte das neue Verhältnis am alten. Françoise Gilot hatte all das, was Dora Maar nicht hatte. Sie war jung, frisch und lebens-

111 Gilot, *Picasso,* S. 10 ff.
112 Ebd., S. 39.
113 Ebd., S. 33.

neugierig. Dora hingegen war kriegsmüde, erschöpft und in ihrem Selbstverständnis als Künstlerin und Frau verunsichert.

Wann sich der Bruch zwischen Picasso und ihr endgültig vollzogen hat, kann nur vermutet werden. Offiziell deklarierte ihn »das Paar« in Anwesenheit von Françoise Gilot im Spätsommer 1946. Die Neue hatte kurz zuvor ihren Willen, nicht eher mit dem 40 Jahre älteren Maler zusammenzuziehen, solange noch ein »Band zwischen ihm und Dora Maar«[114] bestand, deutlich zum Ausdruck gebracht.

Doch dieses Band hatte spätestens seit dem Eintritt Gilots in Picassos Leben einen Riß bekommen. »Ich male so, wie andere ihre Autobiographie schreiben. Bilder, ob fertig oder nicht, sind Seiten meines Tagebuchs, und als solche haben sie ihre Bedeutung«, erklärte Picasso seiner neuen Freundin.[115] Diese Feststellung würde Daix' Meinung, Picasso habe das letzte Porträt von Dora am 22. November 1943 gemalt, belegen. Auf den selben Monat datiert er den Eintritt Gilots in das Leben des Malers.[116]

Als Brassaï am 7. Dezember 1943 Picasso in seinem Atelier aufsuchte, traf er nicht nur auf die junge Françoise, sondern auch auf einen in Liebe entflammten Picasso. »Am liebsten würde er sein Glück in alle Welt posaunen. Aber wenn er auch seine Liebe verstecken wollte, seine Malerei, seine Zeichnungen, seine Lithos, seine Radierungen und seine Plastiken würden das Geheimnis auf den ersten Blick preisgeben. Das Bild der Neuerwählten ersetzt sogleich das der Verlassenen [...].«[117]

114 Ebd., S. 86.
115 Ebd., S. 104.
116 Daix, *La Vie de peintre*, S. 307.
117 Brassaï, *Gespräche*, S. 81.

Brassaï nahm seine Notizen und damit seine Arbeit bei Picasso Anfang September 1943 wieder auf. Dies bestätigt einmal mehr, daß sich das Verhältnis zwischen Dora und Picasso entschieden abgekühlt hatte. Brassaï ersetzte die Fotografin.

Als Gesprächspartnerin mochte Picasso sie aber noch nicht missen. Sie gingen weiterhin jeden Mittag ins *Catalan*. Da sich Dora nur noch selten »einfach so« im Atelier aufhielt, rief er jedesmal gegen ein Uhr an. Dann kam Dora in die Rue des Grands-Augustins und wartete auf ihn. Auch Kazbek, Picassos Hund, hatte sich daran gewöhnt. »Haben Sie gesehen, wie er aufgesprungen ist? Er hat gemerkt, daß ich Dora anrufe ... Weiß Gott, woran. Man könnte meinen, sein Magen sage ihm, daß es Mittagszeit ist. Aber gegen ein Uhr rufe ich oft andere Leute an, und er rührt sich nicht ... Wie ist es zu erklären, daß er Dora am anderen Ende der Leitung spürt?« rief Picasso. Brassaï hörte das und notierte es noch am selben Tag, dem 7. Dezember 1943.[118] Auch Françoise Gilot wußte von den Essensverabredungen. Dora habe sich stets – zum Mittag- oder Abendessen – für Picasso zur Verfügung halten müssen. Der Maler André Beaudin habe ihr erzählt, daß er Dora Maar einmal gebeten habe, mit ihm zu Abend zu essen. Doch Dora habe abgelehnt mit der Begründung, sie könne sich bis zum Mittag nicht festlegen, da sie nicht wisse, um welche Zeit Picasso anrufen werde. Er wäre wütend, wenn sie nicht käme.[119] Gilots Behauptung, Dora habe ihren Tag nach Picasso ausgerichtet – und dann auch noch vergeblich, denn sie, Françoise Gilot, sei ja

118 Brassaï, *Gespräche*, S. 83.
119 Gilot, *Picasso*, S. 70.

in sein Leben getreten –, wird indirekt durch eine, kleine bezaubernde Skizze gestützt. In Maars Nachlaß fand man das mit leichten Strichen gemalte Bild *Dora auf ihrem Bett, auf einen Anruf wartend*. Es stammt nicht von Henri Matisse. Auch wenn das die Signatur glauben machen will. Der Kommentar im Katalog weist auf die gefälschte Unterschrift dieses und eines weiteren Bildes – diesmal mit Chagall unterzeichnet – hin. Daß es »Maler des 20. Jahrhunderts« sind, so die Überschrift im Katalog, scheint einleuchtend. Aber wer? Doch nur ein guter Freund. Wer sonst hätte von Doras Seelennöten gewußt? Der inzwischen zu großer Berühmtheit gelangte Maler Balthus, mit dem sie befreundet war? Auch er hat eine Skizze, die er ihr schenkte, mit Chagall unterzeichnet, aber auf seine Signatur dennoch nicht verzichtet. Die beiden Zeichnungen wurden nicht verkauft. Die Erben von Chagall und Matisse legten Widerspruch ein. Der Hinweis im Auktionskatalog, daß es sich womöglich um Fälschungen handle, hatte ihnen natürlich nicht gereicht.

»Ich schlage mich mit meinem Porträt gegen die Stirn und rufe die Ware meines Schmerzes aus«

Dora und Picasso sahen sich nicht nur zum Mittagessen. Vor den Freunden blieben sie ein Paar. Picasso verheimlichte lange Zeit sein Verhältnis mit Françoise.

Als am 19. März 1944 das kleine Theaterstück *Wie man Wünsche beim Schwanz packt* aufgeführt wurde, war Dora mit von der Partie. Einige Tage vorher fanden die Proben statt. Die

Regie übernahm Albert Camus. Michel Leiris, in dessen Wohnung die szenische Lesung stattfand, besetzte die Rollen: Raymond Queneau als *Zwiebel*, Jean-Paul Sartre als *Klümpchen* und Dora als *Magere Angst*. Ob Picasso an eine ähnliche Rollenverteilung gedacht hatte, als er das Stück 1941 ganz nach surrealistischer Manier als Gedankendiktat schrieb? Im sechsten Akt rezitierte Dora als *Magere Angst*:

»Ich schlage mich mit meinem Porträt gegen die Stirn und rufe die Ware meines Schmerzes durch verschlossene Fenster aus, die sich gegen jede Barmherzigkeit abriegeln. Mein von den steinharten Fächern meiner Tränen zerfetztes Hemd beißt salpetersauer in meine Algenhände, die meine Schreie und die Schleppe meiner Füße von Tür zu Tür zerren.«[120]

Die Zuschauer, darunter Georges Braque, Georges Bataille und Jacques Lacan, hörten bei der Premiere ehrfürchtig zu. Alle Äußerungen Picassos, seien sie gestalterisch oder verbal, wurden stets sehr wichtig genommen. An diesem Abend hatte er ein Porträt von Max Jacob mitgebracht, vor dessen »Angesicht« gespielt werden sollte. Der Dichter war drei Tage zuvor im Konzentrationslager Drancy an den Folgen einer Lungenstauung gestorben.

Doch das traurige Schicksal von Max Jacob nahm dem Abend nichts an Fröhlichkeit. Als die meisten Zuschauer gegangen waren und nur noch die engsten Freunde übrigblieben, wurde die Stimmung ausgelassen. Simone de Beauvoir, die selber als *Cousine* der *Torte* aufgetreten war, schildert den Abend sehr atmosphärisch in ihren Erinnerungen, die 1960 unter dem Titel »La Force de l'âge« erschienen.[121]

120 Pablo Picasso: *Le désir attrapé par la queue.* Paris 1989. S. 59.
121 Simone de Beauvoir: *In den besten Jahren.* Hamburg (1969) 1998. S. 487.

»Noch vor einem Jahr hätten wir uns nicht vorstellen können, daß wir eines Tages so fröhliche und ausgelassene Stunden verbringen würden. Allen Drohungen zum Trotz, die auf vielen von uns lasteten, feierten wir den Sieg im voraus. Gegen elf Uhr abends gingen die meisten Gäste. Die Leiris forderten die Interpreten des Stücks und einige gute Freunde zum Bleiben auf. Warum sollte man nicht bis fünf Uhr früh weiterfeiern? Wir nahmen an. Die Unwiderruflichkeit unserer Entscheidung amüsierte uns, denn Schlag Mitternacht kam der Zwang hinzu – freiwillig und gegen unseren Willen fanden wir uns in dieser Wohnung eingeschlossen, umlagert von einer verbotenen Stadt. Wir waren nicht mehr gewohnt, lang aufzubleiben. Zum Glück gab es noch genug Wein, mit dem wir unsere Benommenheit verjagen konnten. [...] Im Herzen der Dunkelheit zusammen trinken und plaudern war ein so verstohlenes Vergnügen, daß es uns unerlaubt schien. Es hatte den Reiz heimlichen Glücks.« Als man sich in den frühen Morgenstunden trennte, begleitete Michel Leiris Dora in die Rue de Savoie. Unter dem Arm trug er das Porträt von Max Jacob.

Zwei Tage später, am 21. März 1944, fand die Beerdigung statt. Diesmal fuhren Dora und Picasso gemeinsam nach Saint-Roch. Wenige Tage zuvor hatten sie sich, wie andere Freunde auch, im Tag geirrt und waren zu früh gekommen. Picasso hatte lange gezögert, an der Bestattung seines Freundes teilzunehmen. Er befürchtete eine Konfrontation mit den Deutschen. Schließlich reiste er mit seinem Generalstab an: Sabartés und sein Chauffeur Marcel. Der spanische Journalist Corpus Barga von *El Sol* erinnerte sich an den Auftritt Doras.[122] Sie erschien allein, ganz in Schwarz! War das so außergewöhnlich für eine Beerdigung?

122 In: Hélène Seckel: *Max Jacob et Picasso.* Quimper, Paris 1994. S. 279. Anm. 54.

Die Geste Doras schien Picasso berührt zu haben. Als er sie kurze Zeit darauf besuchte, sah er das am Theaterabend zurückgelassene Bild von Max Jacob und sagte: »Dort hängt es gut, und dort soll es bleiben.«[123]

Schleichende Veränderungen

Daß Picasso im Oktober 1944 Mitglied der Kommunistischen Partei wurde, erfuhr Dora nur durch Zufall. »Wir aßen gerade mit Louise Leiris zu Mittag, als sie Picasso fragte: Ist es wahr, daß du Mitglied bei den Kommunisten geworden bist? Er antwortete: ›Ja.‹« Das sagte Dora Maar auf Nachfrage Combalías. »Viele verwunderten sich darüber. Ich gab ihm sechs Monate. Aber ich irrte mich, er blieb in der Partei. – Wir werden nie wissen, was ihn dazu gebracht hat.«

Viel verblüffender als Picassos Parteieintritt erscheint heute die Äußerung der alten Maar über sein Verhältnis zur Religion. Im selben Interview sagte sie: »Wie jeder Spanier war er anarchistisch und gläubig zugleich. Er ist der erste gewesen, der mir von Johannes vom Kreuz erzählt hat. Selbst wenn er nicht darüber sprach, denke ich, daß er im Innersten immer ein Stück Religion bewahrt hat.«

Als Picasso der Kommunistischen Partei beitrat, hatte Dora Maar mit der Politik nichts mehr zu schaffen. Sie suchte den Sinn des Lebens nun auf einer geistigen Ebene. Zunächst in der

123 An diesen Ausruf Picassos erinnerte sich Dora Maar während eines Telefonats mit Hélène Seckel (im November 1992 und im März 1994). Ebd.

Philosophie. Im Nachlaß befand sich ein vierseitiger Brief von Raymond Queneau vom 12. April 1943. Sie hatte sich an ihren Freund aus surrealistischen Zeiten mit der Frage gewandt, wie man sich am besten der Philosophie nähere. Als Generalsekretär des Verlags *Gallimard* leitete Queneau später die Veröffentlichung eines der bedeutendsten Nachschlagewerke: die »Encyclopédie de la Pléiade«. Vielleicht schon geprägt von diesem Mammutunternehmen, geht Queneau in dem Brief systematisch vor. Er teilt sein Schreiben in Kapitel ein. Im ersten heißt es: »Man muß zunächst mit einfachen Texten beginnen, die zeigen, was ein philosophischer Gedankengang ist. [...]«

Schleichende Veränderungen. Nicht mehr Dora, sondern Brassaï fotografierte Picassos Werke. Dafür stellte Dora Maar seit nunmehr acht Jahren zum erstenmal wieder aus. Im Juni 1944 zeigte die renommierte Galerie *Jeanne Bucher* am Montparnasse Stilleben der Malerin. Keine Meisterwerke, aber frei von Picassos Einfluß. Dennoch nichts wirklich Eigenständiges. Alltagsgegenstände in einer Clairobscur-Technik, das heißt mit Hell-Dunkel-Kontrasten. Gilot, Besucherin der Ausstellung, bezeichnete diese Bilder als ihre besten.[124]

»Sie war es sicherlich, die Picasso gedrängt hat, Dora und Marie-Thérèse zu verlassen. Françoise Gilot dachte mit ihren 20 Jahren, das Leben ihres viel älteren Geliebten ändern zu können. Für ihn wäre es kein Problem gewesen, mit beiden Frauen befreundet zu sein«, sagt Pierre Daix heute.[125]

Françoise Gilots Erinnerungen sind aus dem Blickwinkel der

124 Vgl. Gilot, *Picasso,* S. 70.
125 Gespräch mit Pierre Daix in Paris am 13. März 1999.

Konkurrentin geschrieben. Einerseits reagierte sie besonders sensibel auf die Verletzung Dora Maars durch Picasso – so jedenfalls in ihrem Buch –, andererseits reduziert sie ihre Vorgängerin auf die von Picasso vielzitierte »Fußabstreiferin«.[126] Ein Gemisch aus Mitleid und Verachtung, das mehr ihre eigene Lage als die Doras offenbart.

Pierre Daix: »Picasso hat nichts mit dem Dämon gemeinsam, zu dem man ihn immer wieder machen wollte. Er war dem Charme der Frauen erlegen und hatte gleichzeitig keine festen Vorstellungen von ihnen. Es war an den Frauen, sich an ihn zu gewöhnen. Ich habe ihm einmal gesagt: ›Hör zu, du bist der größte Maler des Jahrhunderts, doch was die Frauen anbelangt, so verhältst du dich wie ein Andalusier aus dem 19. Jahrhundert.‹ Da lachte er, aber es war wahr. Verstehen Sie? Er war der Prinz einer Familie, die aus Frauen bestand, die alles für ihn taten, seine Mutter, seine Großmutter, seine Tanten. Und dann noch die spanische, andalusische Erziehung. Sie konnten ihn nicht ändern. Seine Mutter hat einmal zu seiner ersten Frau Olga gesagt: ›Sie tun unrecht, er wird nur mit seiner Kunst verheiratet sein, Sie werden ihn nicht nur mit anderen Frauen, sondern vor allem mit seiner Kunst teilen müssen.‹ Dora wußte sehr wohl von Picassos Leidenschaften. Sie kam ja nicht gerade aus dem Kloster. Auch wenn man ihr das heute unterstellen will. Sie haben doch eine recht lange Zeit miteinander verbracht. Und ihr Bruch ist sicher auch durch den Krieg bedingt. Dora hat sehr unter den Spannungen der deutschen Besatzung gelitten. Die Beziehung hatte sich erschöpft. Nun, das kommt

126 »Er behauptete mit Vorliebe: ›Es gibt nur zwei Kategorien von Frauen – Göttinnen und Fußabstreifer.‹« Gilot, *Picasso*, S. 68.

vor. Für Dora war es aber sehr belastend, zumal sie von einer 20 Jahre jüngeren Frau ersetzt wurde …«

Der Zusammenbruch

Dora reagierte heftig auf den Bruch mit Picasso. Sie erlitt einen Nervenzusammenbruch. Zeuge eines merkwürdigen Auftritts wurde Brassaï am 15. Mai 1945 im *Catalan*. Wenige Tage zuvor hatte Picasso ihm noch von Doras Mitarbeit beim Sortieren von Fotografien erzählt. Kein Wort von Anspannungen. An jenem Tag saß Picasso mit einigen Freunden, darunter auch Nusch Éluard, im *Catalan*. Ein Stuhl wurde für Dora frei gelassen. Verspätet traf sie mit todfinsterer Miene ein, gab jedem die Hand und setzte sich, ohne das Gesicht zu verziehen. Zwei Minuten später stand sie wieder. »Ich habe genug! Ich kann hier nicht bleiben! Ich gehe!« rief sie aus und verschwand. Brassaï weiter: »Picasso, der sein Chateaubriand noch nicht bekommen hat, springt auf und läuft seiner Freundin nach.« Heißt das, Picasso wäre sitzengeblieben, wenn das Steak bereits serviert gewesen wäre? Wie dem auch sei: Die Gesellschaft war perplex. So kannte man Dora gar nicht. »Nusch beugt sich mit ihrem schönen Lächeln zu mir und sagt: ›Kümmern Sie sich nicht! Das sind Frauengeschichten!‹«[127] Doch es steckte mehr dahinter. Brassaï: »Eine Stunde später kommt Picasso mit wirren Haaren, aufgeregt und verschreckt, wieder zurück. Noch nie habe ich ihn so verwirrt gesehen. ›Paul, komm schnell, du mußt mir helfen …‹«

127 Brassaï, *Gespräche,* S. 123.

Mehr nicht. Was war geschehen? Brassaï schweigt. Gilot nicht. Sie war indirekt betroffen. Picasso, so Gilot, hatte angefangen, sich um Dora Sorgen zu machen.[128] Als er eines Tages Dora mittags zum Essen abholen wollte, war sie nicht dagewesen. Schließlich kam sie doch noch (Picasso schien auf sie gewartet zu haben), das Haar zerzaust, das Kleid zerrissen. Aufgelöst erzählte sie, ein Mann habe sie auf der Straße angefallen und ihren kleinen Bologneserhund mitgenommen. Wenige Tage später passierte angeblich etwas Ähnliches. Ein Polizist brachte die völlig aufgewühlte Dora nach Hause. Diesmal habe man ihr das Fahrrad gestohlen.

Solche Vorfälle beweisen noch keine Nervenkrise. Das wußte auch Picasso. Doch der Zwischenfall im *Catalan* hatte ihn alarmiert. Er rief Paul Éluard zu Hilfe. Der Dichter kannte Dora gut und wußte vielleicht mit ihr umzugehen. Kaum hatte Picasso dem Freund alles erzählt, erschien Dora. Dramatisch. »Mir offenbart sich die innere Stimme. Ich sehe die Dinge, wie sie wirklich sind, in der Vergangenheit, in der Gegenwart und in der Zukunft. Wenn ihr so weiterlebt … ihr gottloses Paar … wie bisher, werdet ihr eine schreckliche Katastrophe auf eure Häupter herabbeschwören«, soll sie Gilot zufolge ausgerufen haben.[129] Éluard und Picasso bekamen es mit der Angst zu tun und riefen schließlich Jacques Lacan. Der Psychoanalytiker, Picassos Hausarzt, nahm sie mit in die Klinik, so Gilot.

Picasso habe sich, so erzählte er Gilot, von Éluard Vorwürfe gefallen lassen müssen. Er sei an Doras Unglück schuld. Was wußte Éluard? Picasso konterte und schob alles auf die Surrealisten. Dora wäre nicht der erste Mensch, den die surrealisti-

128 Gilot, *Picasso*, S. 71.
129 Ebd., S. 72 f.

schen Hirngespinste aus der Bahn geworfen hätten. Crevel nahm sich das Leben, Artaud wurde in eine Nervenheilanstalt eingeliefert. Es sei Éluards, Bretons, ach, aller Surrealisten Schuld. Nicht seine. Ganz im Gegenteil – er hätte Doras Leben auf das Wesentliche, die Malerei, konzentriert.[130]

Zwangsjacke oder Religion

Doras Nervenzusammenbruch ist auf verschiedene Weise kolportiert worden. Wann Lacan gerufen wurde und von wem, variiert ebenso wie die Szene im Treppenhaus. Saß sie nun nackt dort oder im Nachthemd?

Die Neuigkeit machte blitzschnell ihre Runde. Auch Georges Bernier kam zu Ohren, was seiner ehemaligen Schulkameradin widerfahren war.

»Eines Tages war sie in dem bekannten Kino *La Pagode*, dem ehemaligen Festsaal der chinesischen Botschaft in Paris. Auf einmal fing sie an zu schreien: ›Wir befinden uns in einem buddhistischen Tempel, niemand darf seine Schuhe anbehalten.‹ Und warf dann ihr Paar in den Saal. Sofort sind zwei Polizisten gekommen, die sie in die geschlossene Abteilung brachten, nach Sainte Anne, von wo man normalerweise so schnell nicht mehr wegkommt. Sie hat es aber geschafft, nämlich mit der Hilfe von jemandem, der Jacques Lacan heißt. Er hat sie geheilt. Zu der Zeit wohnte ich gerade bei Lacan. Er hat sich sehr um sie gekümmert. Dora Maar fand langsam zu ihrem Gleich-

130 Vgl. ebd., S. 73.

gewicht zurück. Und von da an hat sie ein glänzendes Leben geführt. Sie sah von da an, was man ›le tout Paris‹ nennt.«[131]

In der Erinnerung des fast 90jährigen Berniers verdichten sich die Ereignisse. So schnell sollte sich Dora nicht von ihrem Nervenzusammenbruch erholen. Sie unterzog sich im Anschluß an den Klinikaufenthalt einer Analyse bei Lacan, heißt es bei Gilot in ihren Erinnerungen. Die Behandlung schien nicht sehr produktiv gewesen zu sein, erzählte ihr guter Freund Balthus, der nichts von Lacan hielt, seinem Biographen Nicholas Fox Weber. Dora habe ihm erzählt, der Arzt sei während der Sitzungen zu oft eingeschlafen, als daß sie hätten effektiv sein können.[132]

Fiel Lacan vielleicht nur deswegen als Therapie die »Zwangsjacke oder Religion« ein? James Lord erzählte mir (und erwähnt es auch in seinem Buch) von einem gemeinsamen Abendessen mit Lacan.[133] Dabei hätte Lacan Jahre nach der Behandlung von Dora verkündet, es habe in ihrem Fall nur die Wahl zwischen Zwangsjacke und Religion bestanden. Er hätte sich für letzteres entschieden.

»Unmöglich, daß Lacan das gesagt hat, das widerspricht all seinen Prinzipien«, wunderte sich Georges Bernier, der den Arzt gut gekannt hat.

Und in der Tat, Lacan war Psychoanalytiker und nicht Psychiater. Und überhaupt – wozu eine Zwangsjacke? Dora war nicht geisteskrank. War sie überhaupt krank? Es gibt keine weiteren Hinweise auf ihre seelische Verfassung. Abgesehen von einigen Picasso-Biographen, die aus der einen Nervenkrise Do-

131 Gespräch mit Georges Bernier in Suèvres am 28. August 2000.
132 Nicholas Fox Weber: *Balthus*. London 1999. S. 377.
133 Gespräch mit James Lord in Paris am 24. Februar 1999.

ras Schicksal für die folgenden 40 Jahre basteln. Kunsthistorikerin Brigitte Léal:

»Die Picasso-Biographen können sich nur vorstellen, daß jedes Individuum, das in Picassos Leben tritt, von da an nur noch in einer tiefen Verehrung vor Picasso leben kann. Es ist Dora Maar hoch anzuerkennen, daß sie – dank ihres Talents und ihrer Intelligenz – etwas anderes war als *eine* Frau von Picasso.«[134]

Aber in der Tat kehrte Dora zum Glauben ihrer Kindheit zurück. Ihre Religiosität kostete sie einige Freundschaften. Auch die zu André Breton. »Unsere Vorstellungen gingen vollkommen auseinander. Ich habe mich nicht mit Breton gestritten. Aber aufgrund der einfachen Tatsache, daß ich mich nun wieder dem Katholizismus zugewandt hatte, kam es, daß ich den linken Surrealisten nicht mehr viel zu sagen hatte«, erinnerte sich Dora Maar in dem Interview knapp 50 Jahre später.[135]

Kontakt hatte sie weiterhin zu Michel Leiris. Am 29. Mai 1944 hielt der Schriftsteller folgende Beobachtung in seinem Tagebuch fest: »Dora ist eine ästhetisch als Porträt Picassos verkleidete Frau. Ich habe in der letzten Zeit einen Sprachtick bei ihr bemerkt. Unter dem Vorwand, Marie-Laure de Noailles aus Spaß nachzumachen, fügt sie zahlreichen Sätzen ›sage ich‹ hinzu. Aber in Wirklichkeit muß sie das aus dem Bedürfnis heraus tun, sich ständig auf sich selber zu beziehen.«[136]

134 Gespräch mit Brigitte Léal in Paris am 12. März 1999.
135 Dora Maar im Interview mit Victoria Combalía 1994.
136 Leiris, *Journal*, S. 388.

Doras Nervenkrise bedeutete nicht das Ende des Kontakts zu Picasso. Immer noch war sie in seinem Leben präsent.

Am 10. Juli 1945 notierte Brassaï u. a.: »Zum Abschied sagt er [Picasso] mir: ›Ich muß Ihnen noch Ihr Manuskript »Bistro Tabac« wiedergeben. Ich habe es gelesen und Dora lesen lassen.‹«

Im selben Monat fuhren Picasso und Dora für ein paar Wochen gemeinsam nach Golfe Juan. Von dort aus unternahmen sie auch eine Fahrt ins Landesinnere, nach Ménerbes. Picasso wollte sich das Haus ansehen, das er bisher nur von einer Fotografie her kannte. Er hatte es bereits in Paris gegen ein Stilleben eingetauscht. Kaum hatte er die Besitzurkunde unterschrieben, schenkte er sie sofort Dora. So Roland Penrose.[137] Stolz auf ihre Archive, verweisen die Dorfältesten aber auf Dora Maar als rechtmäßige Käuferin des Anwesens. Wie dem auch sei, das 200jährige Haus wurde zu einem wesentlichen Bestandteil in Doras Leben. Ab 1947 verbrachte sie jeden Sommer dort unten.

Mehr weiß man über den letzten gemeinsamen Urlaub von Picasso und Dora nicht. Gilot behauptet, er sei auf ihr Anraten hin gefahren.[138] Sie widerspricht sich in ihren Erinnerungen »Leben mit Picasso« mehr als einmal. Einerseits zeigt sie Picasso als eisernen Mann, der sagte: »Man geht niemals ganz plötzlich vor die Hunde ohne tiefere Ursache«[139], andererseits soll dieser Egomane bereit gewesen sein, die kostbaren Sommerferien mit seiner »abgelegten Fußmatte« zu verbringen. Vielleicht

137 Penrose, *Picasso*, S. 325.
138 Gilot, *Picasso*, S. 74.
139 Ebd., S. 73.

tat er's aus Gewohnheit. »Bitte komm sofort. Ich langweile mich schrecklich«, schrieb er Françoise aus dem Urlaub mit Dora.[140] Doch Mademoiselle erhörte ihn nicht. Sie wollte erst klare Verhältnisse geschaffen wissen. Picasso mußte kuschen. Dies führte Maler und neue Muse alsbald in Maars Appartement, wo der Bruch scheinbar problemlos besiegelt wurde. Daß die von Gilot beschriebene Gelassenheit nur Teil des Selbstschutzes von Dora war, erfahren wir von Pierre Daix, der sie wenige Zeit später, im Frühjahr 1946, kennenlernte.

»Im Frühling hat mich Éluard zu Dora geführt, in die Rue de Savoie Nr. 6. Er sagte: ›Jetzt bist du in Picassos Welt eingetreten. Du mußt aufpassen: Um Picasso herum gibt es einen ganzen Hofstaat, der immer da ist, um jede einzelne Reaktion des Meisters zu beobachten. Diese Menschen hören auf, diejenigen zu sehen, die nicht mehr in der Gunst Picassos stehen. Ich werde dich zu Dora bringen, genau zu dem Zeitpunkt, wo es zwischen den beiden nicht mehr geht, genau jetzt mußt du Dora sehen.‹ Wir sind dann zu Dora gegangen. Ich erinnere mich, daß sie inmitten der Erinnerungen Picassos und ihrer eigenen Bilder lebte. Aber sie war wirklich krank und stand augenscheinlich unter der Wirkung der Depression. Ich habe eine sehr unangenehme Erinnerung daran. Éluard hatte recht. Außer Menschen wie den Zervos wurde sie von denen aufgegeben, die Angst hatten, Picasso dadurch zu mißfallen.«[141]

140 Ebd., S. 74.
141 Gespräch mit Pierre Daix in Paris am 13. März 1999.

»Wenn du an den Menschen glaubst, findest du den Menschen, wenn du an Gott glaubst, findest du Gott«[142]

Zwei Jahre vor Doras Zusammenbruch, 1943, hatte Picasso *Das Büffet des Catalan* gemalt. Es ist ein Stilleben der Anrichte, die in seinem Stammlokal stand. Es gibt einen aufschlußreichen Berührungspunkt zwischen dem Möbelstück und Dora. Picasso hat dem ehemaligen Surrealisten Robert Desnos erzählt, wie es zu dem Bild kam[143]: »Monatelang hatte ich im *Le Catalan* gespeist«, erzählte Picasso, »und monatelang sah ich das Büfett, ohne mir dabei mehr zu denken als: ›Es ist ein Büfett.‹ Eines Tages aber beschließe ich, ein Bild daraus zu machen. Ich tue es. Als ich am nächsten Tag wiederkam, war das Büfett verschwunden, sein Platz war leer … Ich muß es durch das Malen, ohne es zu merken, fortgenommen haben.«

Desnos zieht einen interessanten Schluß. »Ohne Zweifel eine humoristische Anekdote«, bemerkt er, »trotz oder vielmehr wegen ihrer Wahrhaftigkeit, genau wie eine Fabel oder ein Sprichwort, erhellt sie aber die Beziehungen zwischen Picassos Werk und der Realität. Wenn er malt, handelt es sich für ihn um Besitzergreifung; nicht um die vorübergehende eines Diebes oder eines Käufers, die nur auf die Lebensdauer begrenzt ist, sondern um jene des Schöpfers.«

Hatte Picasso sich auch seines Modells Dora bemächtigt, ihr Selbstverständnis und Eigenständigkeit »fortgenommen«? Was blieb, als er sie verließ? Eine gebrochene Persönlichkeit. Aber

142 Notizen von Dora Maar am 27. Nov. 1945. Auktionskatalog *Les livres de Dora Maar. Autographes et documents. Paris 29 octobre 1998.*

143 Robert Desnos: *Picasso Peintures, 1936–1946.* Ed. du Chêne. Paris 1949. In: Penrose, *Picasso,* S. 317.

für wie lange? Zwei anderen Modellen hat er für immer ihr Selbst geraubt. Jacqueline, seiner letzten Frau, und Marie-Thérèse Walter. Beide wählten den Freitod.

Dora litt. In die Versteigerung ihres Nachlasses kamen 56 handgeschriebene Seiten. Bruchstücke daraus werden im Auktionskatalog zitiert.[144] Als Kaufanreiz. Notizen, Erinnerungen und selbstgeschriebene Gedichte.

Ich möchte Dora Maars Poesie nicht zitieren. Interessant wäre sie – wenn überhaupt – nur als autobiographisches Dokument. Und was sie auch ist, Literatur oder persönliche Notiz, sie war nicht für die Öffentlichkeit bestimmt.

Die wenigen Sätze, die – vermutlich exemplarisch – im Katalog aufgeführt werden, beschreiben ihre Einsamkeit.

Paul Éluard blieb ihr Freund. Auch er verlor kurze Zeit darauf einen über alles geliebten Menschen. Am 28. November 1946 starb Nusch unerwartet im Alter von 40 Jahren. Dora hatte sich gerade mit ihr zum Mittagessen verabredet, als die Freundin am anderen Ende der Telefonleitung zusammenbrach. Was passiert war, weiß Brassaï nicht. Er erinnerte sich nur an die erschütternde Szene, als Dora weinend in Picassos Atelier gelaufen kam und alles erzählte.[145] Nusch war an Gehirnblutung gestorben. Eine Folge der Kriegsentbehrungen. Zu ihrem Gedenken veröffentlichte Éluard – unter dem Pseudonym Didier Descroches – ein Jahr darauf »Le Temps déborde« (Die Zeit tritt aus den Ufern). Er bat Dora und Man Ray, die Gedichtsammlung mit Bildern von Nusch zu illustrieren. Die

144 Auktionskatalog *Handschriften und Dokumente. 29 octobre 1998.* Verkaufspreis: 18 500 Francs.

145 Brassaï, *Gespräche,* S. 154f.

Aufnahmen des zarten und zerbrechlichen Gesichts von Nusch gehören zu Maars schönsten Porträtaufnahmen. Dora hat ihre Gesichtszüge oft bis zur Perfektion retuschiert, modelliert und geglättet. Aus schlichten Porträtaufnahmen wurden kleine Kunstwerke. Eines dieser Bilder fand am 20. November 1998 für 150 000 Francs einen Käufer.

Éluard drohte den Verstand zu verlieren, doch er fing sich. 1948 schrieb er an Dora: »Dora, ich kehre gerade heim und habe das sanfte Glücksgefühl, Dich gerade so gesehen zu haben, wie Du immer warst. Ich selber aber habe mich so verändert. Ich bin bedeckt von Asche … Schöne, kleine Dora, unbeständig und ergreifend, meine Freundin mit den Augen der Wahrheit und der Illusion, Du entsprichst meiner Vorstellung einer Frau, blaß, dunkelhaarig und rein, Dora.

Paul«

Sie schenkte ihm ihre Malerei, er ihr seine Gedichtbände. »Für meine Dora, undurchsichtig wie eine offene Hand, klar wie ihre über meiner verschlossenen Hand. Für Dora, Kind, Dichterin und Frau.«[146]

Tout Paris

Mit der Zeit ging Dora zu dem über, was Georges Bernier ihr »glänzendes Leben« nennt. »Tout Paris« traf sich gern in den Salons. Gastgeberinnen dieser Tradition des Müßiggangs aus

146 Zit. aus Auktionskatalog *Les livres de Dora Maar. Autographes et documents. Paris 29 octobre 1998.*

dem 18. Jahrhundert waren wohlhabende Damen, deren vornehmste Beschäftigung es war, alles, was Rang und Namen hatte, und deren Bewunderer in ihre eleganten Stadtwohnungen einzuladen. Eine von ihnen war Lise Deharme, die wir als Lise Meyer bereits kennengelernt haben. Ihre Soireen zählten zu den interessantesten der Stadt. Sie kannte jeden, und jeder kannte sie. Lange, lange zurück lagen die Abende in stickigen Hinterräumen, wo Lise an der Seite von Dora für die Freiheit der Arbeiter gekämpft hatte. Froh, daß der Krieg endlich vorbei war, sprach man über Kunst und private Verwicklungen. Nicht weniger amüsant waren die Einladungen von Catherine Dudley, einer sehr guten Freundin von Dora. Die Amerikanerin war seit den 20er Jahren in der Pariser Kunstszene zu Hause. Ihr verdankt der englische Bildhauer Raymond Mason die Bekanntschaft mit Dora.

Im April 1998 traf ich den 76jährigen Mason. Dora Maar hatte ihm vor mehr als 50 Jahren eine Karriere prophezeit, und sie hat recht behalten. Noch heute ist Mason von ihrer starken Persönlichkeit eingenommen. Ausstellungen wie »Picasso und die Porträts«, 1998 im Grand Palais in Paris, machen ihn rasend. So gut die Ausstellung auch gewesen sei, man habe einmal zuviel Dora als »die Weinende« erwähnt. Wie oft habe er sie lachen gesehen! Noch ehe ich Platz nehmen konnte, las mir Mason aus einem Brief vor, den er, enttäuscht und verärgert, an die Kuratorin des Musée Picasso und Mitarbeiterin der Ausstellung geschickt hatte. Auch mir ist diese Dame bekannt. Auf eine telefonische Anfrage zu Dora Maar entgegnete sie barsch: »Ich habe nichts mit Picassos Bettgeschichten am Hut!«

Raymond Mason erscheint zu bodenständig und rechtschaffen, als daß er Dora Maars Ansehen schmeichlerisch zurechtrücken wollte. Selten hat jemand zu mir mit so viel Emphase von Dora Maar gesprochen wie der englische Bildhauer. Er hatte sich extra auf mein Interview vorbereitet. Kaum war das Tonbandgerät eingeschaltet, begann er mit getragener Stimme Gedanken vorzulesen, die er sich zu Dora Maar notiert hatte: »Bei Catherine habe ich Dora Maar, seit kurzem von Picasso verlassen, kennengelernt. Aber nicht durch Catherine! Diese zauberhafte Frau mit ihrer einzigartigen Stimme voller Musik und ihrem Talent als Malerin. Schlafwandlerisch betrat sie den Saal, ordnete ihr Kleid. Dabei hätte sie eine volle Flasche Cognac umwerfen können, die auf dem Boden zerbricht. Sie hätte weder die Blicke noch das Krachen des Aufschlagens bemerkt. Sie schreitet voran mit einem Lächeln auf den Lippen. Dank Dora Maar habe ich das Herz der Gesellschaft von Tout Paris kennengelernt. Sie hat mich zu Carmen Baron geführt, die einen wichtigen Salon zu dieser Zeit hatte. Dort habe ich dann alle wichtigen Leute kennengelernt. Dora war sehr mondän. Man traf sie auf allen wichtigen Veranstaltungen. Aber mit mondän meine ich ›aller dans le monde‹ [sich der Welt zuwenden], denn sie war eine sehr ernsthafte, sehr intelligente Frau.«[147]

Am Ende des langen Gesprächs kündigte Mason mir noch eine besondere Überraschung an. Das würde mich gewiß sehr freuen! Ob ich denn jemals die zauberhafte Stimme von Dora Maar gehört hätte. Natürlich nicht – aber es hatte keinen Gesprächspartner gegeben, der sie nicht erwähnt hatte. Der alte Bildhauer hantierte umständlich an seinem Anrufbeantworter. Kurz vor ihrem Tod habe sie ihm noch einmal aufs Band gesprochen. Ein verheißungsvolles Lächeln lag auf seinem großen, flächigen Gesicht. Dank der technischen Errungenschaf-

147 Gespräch mit Raymond Mason in Paris am 22. Februar 1999.

ten der heutigen Zeit sei es ihm gelungen, ihre Stimme zu konservieren. Ein zwar etwas lästiges Unterfangen, da er nun gezwungen war, bei jeder neuen Nachricht – warum auch immer – die Kassette von Anfang an, d. h. alle Nachrichten abzuhören. Aber das war es ihm wert! Attention, please! Bedächtig standen wir beide vor dem alten Modell und warteten. Nichts, nur ein gleichmäßiges Rauschen und Knistern. Mason war ratlos. Ich frustriert. Sein Anruf zwei Tage später im Hotel bestätigte meine Ahnung. Auch seine Tochter hatte nichts ausrichten können. Er hatte die so lange behütete Aufnahme versehentlich in meiner Anwesenheit gelöscht. »Drei Jahre so eine Mühe – für nichts!«

Direkt am Montparnasse, um die Ecke vom *Dôme* und *Le Select*, wohnt Myrtille Hugnet. Mit 17 heiratete sie den ehemaligen Surrealisten Georges Hugnet. Das ist nun schon 50 Jahre her. Dora war eine der ersten Freunde von Georges, die sie kennenlernte. Und eine der nettesten. Die Verbindung, die zu Lebzeiten ihres Mannes sehr eng gewesen war, blieb auch nach seinem Tod bestehen. Myrtille Hugnet erinnerte sich:

»Als ich Dora sah, war das sicherlich im *Catalan*. Sie war, wie sie immer war: sehr klar und bestimmt, mit ihren dunklen Haaren, ihrer wunderschönen Stimme und ihrem etwas schiefen Mund. Sie erinnerte ungemein an die Porträts, die Picasso von ihr gemacht hat. Sie ist es, die den Porträts ähnelt. Nicht die Porträts ihr. Das ist phantastisch. Man kam nicht umhin zu erkennen, daß sie Dora Maar war. Wie immer war sie sehr würdevoll. Nie sprach sie von Pablo schlecht. Sie nannte ihn Pablo. Ich habe sie als sehr elegant empfunden, in ihrem Benehmen, in ihrer Art zu rauchen, diese sehr lange Zigarette zu rauchen. Als ich sie das letzte Mal sah, war sie immer noch so. Sehr dunkel, aber nicht düster, doch man spürte, daß sie tiefes Leid in sich trug.«[148]

»Sie glaubte an Tischerücken, wir aber nicht«[149]

Picasso verschwand immer noch nicht aus Doras Leben. Ob sie wollte oder nicht. Immer wieder wurde sie aufgesucht, seien es Kunsthistoriker, die etwas über Picasso und sein Werk wissen wollten, oder Händler, die bedeutende Porträts bei ihr vermuteten. Auch Pierre Daix kontaktierte sie in den 60er Jahren. Doch während Dora im hohen Alter großzügig ihr Wissen weitergab, war sie ihm gegenüber sehr zurückhaltend mit Auskünften. Zu zahlreich waren die Gesuche. Zu frisch die Wunden?

Unter den zahlreichen Picasso-Schätzen, die Dora besaß, war auch ein Gedichtband des spanischen Dichters Luis de Góngora. Von Picassos Hand für Dora einzigartig gemacht. Aufwendig hat er das Buch des von ihm verehrten Dichters bearbeitet. Er ersetzte die zwanzig Illustrationen des Zeichners de La Serna durch dreizehn eigene und gab den Gedichten resümierende Überschriften.

»Pour Dora Maar Góngora Picasso, Paris le 8 mars 1947«. Wie kam Picasso dazu, ihr zu diesem Zeitpunkt ein solches Prachtexemplar zu widmen? Die Verbindung mit Françoise war längst offiziell, dieselbe hochschwanger. Lag es an Góngora, dessen Gedichte er gerade illustrierte (für eine Ausgabe, die erst ein Jahr später erschien, 1948, und von der Dora wieder ein

148 Gespräch mit Myrtille Hugnet in Paris am 26. Februar 1999.
149 Simone de Beauvoir.

Exemplar erhielt)? Die Lyrik des spanischen Barockdichters ist schwierig und dunkel. Vielleicht hielt er Dora, die neben dem Katholizismus ihre Vorliebe zum Mystischen wiederentdeckt hatte, für besonders empfänglich?

Doras stets sehr persönliche Form des Glaubens hatten schon Simone de Beauvoir und Sartre am eigenen Leib erfahren. Im Frühjahr 1945 verbrachten sie mit dem Ehepaar Leiris einen Abend bei Dora. Ohne Picasso. Dora schlug ein okkultistisches Tischerücken vor. Sartre ließ sich erstaunlicherweise darauf ein. Er wurde belohnt. »Plötzlich begann das Möbelstück, zu zittern, zu wackeln, davonzulaufen. Wir liefen hinterher, die Hände nach wie vor auf der Platte und in enger Berührung miteinander. Der Geist teilte mit, daß er Sartres Großvater sei. Mit kurzen Stößen buchstabierte der Tisch das Wort: Hölle. Fast eine Stunde lang, sich drehend oder auf der Stelle hopsend, verhieß er uns allen das höllische Feuer und erzählte Sachen über Sartre, die nur er und ich [Simone de Beauvoir] kannten. Dora triumphierte.« Simone – ansonsten dem Mystischen nicht zugeneigt – insgeheim auch. Denn ihretwegen hatte der Tisch zu tanzen angefangen.[150]

Un café pour moi!

1948 zog Picasso mit Gilot und dem gemeinsamen Sohn Claude in den Süden. Noch zwei Jahre später schenkte er Dora zum Geburtstag eine hübsche Zeichnung von ihr, die 1937 entstan-

150 Simone de Beauvoir: *Der Lauf der Dinge*. (Paris 1963) Hamburg (1966) 1989. S. 41.

den war. Eine liebe Idee? Dora Maar erinnerte sich nur an die demütigenden Umstände, unter denen sie das Geschenk in Empfang genommen hatte. Sie wolle nie darüber sprechen, sagte sie Lord und schwieg.[151] Die Zeichnung hat sie behalten. Bei der Auktion erzielte sie 3 200 000 Francs.

Eine Begegnung in Paris mit ihm war nun so gut wie ausgeschlossen. Dora konnte beruhigt ins *Catalan* gehen, gewiß, nur ihre Freunde dort zu treffen. Unter anderem Georges und Myrtille Hugnet.

»Georges und ich aßen jeden Abend im *Catalan*. Dora traf uns dort. Und Balthus. Ja, Balthus, er kam immer als letzter – er arbeitete gerade an dem Bühnenbild von *Così fan tutte* und begrüßte uns immer mit: ›Hallo, meine Freunde.‹ Er sah immer so müde aus. Und Dora kam. Man vernahm ihre schöne Stimme schon von weitem: ›Guten Tag, Pierre.‹ Pierre war der Besitzer. ›Ich habe schon gegessen. Einen Kaffee!‹ Sie setzte sich zu uns an den Tisch, und wir freuten uns. Wir fragten uns aber immer, ob sie wirklich gegessen hatte. Denn sie begann sofort von unseren Tellern zu picken und fragte: ›Magst du das? Magst du das nicht?‹ Auf jeden Fall war es immer: ›Ein Kaffee!‹«[152]

Ein Spleen? Sparsamkeit? Geiz? Letzteres vermutet James Lord. Sei es nun, weil sie ihm immer noch nichts von Picasso geschenkt hatte oder weil immer nur er im Restaurant bezahlte.

Im Sommer 1952 besuchte er sie zum erstenmal in ihrem Haus in Ménerbes. Im Schlepptau von James Cooper und John Richardson. Sie verbrachten einen herrlichen Nachmittag zu viert. Statt wie geplant bei ihr zu speisen, lud Dora Maar die

151 Vgl. Lord, *Picasso*, S. 182.
152 Gespräch mit Myrtille Hugnet in Paris am 26. Februar 1999.

drei jungen Männer in ein kleines Restaurant ein. Lords anschauliche Beschreibungen des herrlichen Nachmittags werden immer wieder durch kleine, spitze Bemerkungen unterbrochen: »Das Restaurant hätte bescheidener nicht sein können.«[153] Trüffelomelette, gebratenes Lamm in Foie-gras-Sauce, Salat, Käse und Mandelkuchen, so die Speisefolge. Was wollte er mehr? »Der Nachmittag war in Topas getaucht.« Diese Empfindung wenigstens wird nicht vom unetikettierten Wein beeinträchtigt, den er immer wieder erwähnt.

James Lord

Sie hatten sich zum erstenmal bei Picasso – Ende des Krieges – gesehen. Kühn hatte Lord ihn aufgesucht: Er wollte porträtiert werden. Mit der kleinen Skizze kehrte er – aus dem Kriegsdienst entlassen – nach Paris zurück. Die Welt der Kunst hatte es dem jungen amerikanischen Soldaten aus begütertem Haus angetan. Er traf wieder auf Dora, diesmal aber ohne Picasso. Doch erst acht Jahre später wurde aus der lockeren Bekanntschaft eine Art Freundschaft. Das war 1953. Sie war 42 Jahre alt und verlassen, er 31 und schwul. Beide liebten Picasso. »Dora und ich redeten jeden Tag über Picasso.«[154] Aber worüber im einzelnen? Man erfährt es nicht. Um so anschaulicher schilderte er ihre Freundschaft, die knapp drei Jahre dauerte. Er habe sich immer sehr minutiös Notizen gemacht, erzählte mir

153 Lord, *Picasso,* S. 125 f.
154 Ebd., S. 211.

der heute 76jährige.[155] Mehr noch: Er habe sich ganze Gespräche notiert. Ein sehr subjektiver, zugleich interessanter Bericht, der allerdings bei gemeinsamen Freunden wie Bernier oder Mason auch auf Kritik stößt. Einmal platzte Georges Bernier der Kragen. Wir saßen gerade mit Pariser Freunden im Garten und sprachen, natürlich, über Dora Maar. Die ganze Zeit schon hatte Georges sich zurückgenommen. Aber sich so lange bei diesem James Lord aufzuhalten – wie lächerlich! »Lord hat geistig und intellektuell überhaupt nicht existiert!« entfuhr es Bernier heftig. Kein Wort mehr darüber!

Dennoch: Für Dora war Lords Freundschaft nicht unwichtig. Wer hatte schon Zeit und Lust, sich so nach ihren Launen zu richten? Gemeinsam verbrachten sie eine längere Zeit in Ménerbes.

Ostern in Ménerbes

Ménerbes gehört zu den schönsten Dörfern im Lubéron, einer Gebirgskette in der Provence. Dort, wo der Mistral, der kalte provenzalische Wind, von der Nordseite her auf den kleinen Ort trifft, steht noch heute Doras riesiges Haus.

Beschreibungen Lords und Gilots zufolge war es schon damals so heruntergekommen, wie ich es im Frühjahr 1999 vorgefunden habe. Einzig die Tür, die in einem satten Grün gestrichen ist, gibt dem Haus einen bewohnbaren Eindruck. Der Rest, das Mauerwerk samt den Innenräumen, verfällt immer mehr. Auf den vier Etagen befinden sich dreizehn Zimmer. Von den »gro-

155 Gespräch mit James Lord in Paris am 24. Februar 1999.

ßen Räumen, die im Empirestil eingerichtet waren«[156], die Gilot 1946 mit Picasso bewohnte, ist nicht mehr viel übriggeblieben.

Picasso hatte den Sommer nach Erwerb des Hauses mit Françoise in Ménerbes verbracht. Als er seiner Ex-Freundin den Hausschlüssel zurückbrachte, soll sie ihn gefragt haben, ob er unten gemalt habe. »Ja, einiges, aber ich habe nichts unten gelassen«, soll Picasso gesagt haben, so Lord.[157] Hatte Dora damit gerechnet? Und – stimmte es? Auch die Auktionatoren gingen davon aus und ließen zwei Jahre lang Skizzen und Zeichnungen von Picasso in dem einfach verriegelten Haus liegen. James Lord war es, der sich an Mappen erinnerte, in denen sich einiges aus der Hand Picassos befand. Er hatte sie auf der Versteigerung vermißt. Die Auktionatoren machten sich noch einmal nach Ménerbes auf. Diesmal sollte nichts übersehen werden! Im Frühjahr 1999 lag das wenige, das man als wertlos befunden und im Haus gelassen hatte, auf dem Boden zerstreut. In der Versteigerung »Letzte Erinnerungen von Dora Maar« am 26. und 27. Mai 1999 wurden neben Zeichnungen von Picasso auch noch zahlreiche Maars verkauft.

Von den versäumten Funden erzählte mir André Schoeller, der kunsthistorische Sachverständige der Auktion.[158] Scheinbar unter der Hand. Denn als ich Genaueres seitens der Auktionatoren wissen wollte, wurde ich barsch zurückgewiesen: »Es gab keine Überraschungen!«

Engel, Balken und Kirchenbilder ließen die Auktionatoren – wann nun auch immer – gezwungenermaßen in Ménerbes. Der Bürgermeister und General Bourgue konnten gerade noch rechtzeitig verhindern, daß das Dorfeigentum in die Auktion kam. Alles war bereits in Lastwagen verstaut worden.

156 Gilot, *Picasso,* S. 107.
157 Lord, *Picasso,* S. 208.
158 Gespräch mit André Schoeller in Paris am 24. Mai 1999.

Was hatte es mit dem Kirchenmobiliar auf sich, das noch im Frühjahr 1999 im Haus verteilt lag? General Lucien Bourgue, der selbsternannte, aber allgemein anerkannte Dorfhistoriker, erzählte mir die Geschichte gern und sehr engagiert.[159]

In den 50er Jahren entschied sich der damalige Bürgermeister mit dem Pfarrer für die Renovierung der Dorfkapelle. Das Mobiliar stammte zwar aus dem Barock, aber war eben alt und folglich abgenutzt. Ein russischer Maler wurde beauftragt, das Kircheninterieur neu zu gestalten. Des alten entledigte man sich, indem man es vor der Kapelle aufeinanderstapelte. Dora Maar war entsetzt: »Da ihr nichts damit anzufangen wißt, nehme ich es. Eines Tages werdet ihr froh sein, es von mir wieder einfordern zu können.« Sie hatte es nicht nur über 40 Jahre lang aufbewahrt, sondern auch bearbeitet. Unter den Trümmern in ihrem Haus leuchteten Balken und Engel in warmen Farben hervor.

Dora bewohnte all die Jahre über nur ein Zimmer, während der Rest des Hauses nach und nach verfiel. Solange das Wetter gut war, im Süden ja recht lange, hielt sie sich meist nur abends im Haus auf. Bis ins hohe Alter fuhr sie mit ihrer Vespa in den Lubéron zum Malen. Die Bilder, die hier entstanden sind, gehören meiner Meinung nach zu ihren schönsten.

Nicht nur Dora Maar wurde von der Schönheit der provenzalischen Landschaft angezogen. Während des Krieges und danach kauften viele Künstler alte Anwesen, sogar Schlösser in der Umgebung. Nicolas de Staël und Balthus, mit denen Dora befreundet war, wohnten ganz in ihrer Nähe. Georges Bernier erinnerte sich, mehrmals mit Freunden, darunter auch ehemalige Surrealisten, zu ihr gefahren zu sein. Oft waren bis zu zehn Gäste bei ihr.

159 Gespräch mit General Lucien Bourgue in Ménerbes am 24. April 1999 und telefonisch am 22. November 2000.

James Lord begleitete sie Ostern 1954 nach Ménerbes. Die Fahrt vertiefte ihre Freundschaft. Während der drei gemeinsam verbrachten Wochen war genügend Zeit, die Marotten des anderen kennenzulernen – die wenige Jahre später zum Bruch der Beziehung führten. Man kennt heute nur die Perspektive von James Lord. Er druckt in seinen Erinnerungen den bitterbösen Brief an Dora Maar ab, in dem er ihre Charakterfehler auflistet: Selbstsucht, Geiz und krankhafter Stolz.[160] So willkommen ihr das Verhältnis zu Lord auch gewesen sein mag, so brachte es sie doch in Bedrängnis. Was mußte das für ein Gefühl sein, mit einem 15 Jahre jüngeren Mann zusammen zu sein, der in der Öffentlichkeit seine Homosexualität offen auslebte und sie bei ihr zu verbergen suchte. Dora kann das nicht entgangen sein. Lord war nicht der einzige Schwule in der Kunstszene. Ihr guter Freund Théo Léger, mit dem Lord eine Affäre hatte, war es auch.

Sie konnte nie wirklich sicher sein, ob Lords Interesse ausschließlich ihr galt. Als er einmal von Douglas Cooper auf die vielen Picassos bei Dora angesprochen wurde, entgegnete er »gekränkt«, daß seine »Freundschaft zu Dora [...] mit ihren Picassos oder mit ihrer vergangenen Beziehung zu dem Maler nichts zu tun [habe]. Ich wußte, daß das nicht stimmte und daß Douglas mir nicht glauben würde.«[161]

160 Lord, *Picasso,* S. 344 ff.
161 Ebd., S. 280.

Von Picassos Kunst schenkte sie Lord »nur« einen Abdruck von der Kappe ihres Feuerzeugs. Den Vogel, den sie ihm versprochen hatte, hielt sie zurück. Die Kabbelei um das kleine Objekt aus Holz, Draht und Gips durchzieht die gesamten Erinnerungen Lords. Sie wird sogar im Register aufgeführt. Unter »P« steht: *Picassos Vogelskulptur: Maar schenkt Lord, 176ff …; Maars Vorschlag, sie gießen zu lassen, 399…; Maars Weigerung, sie Lord zurückzugeben, 337 …*[162] Mehr gibt die Geschichte eigentlich auch nicht her. Trotzdem erzählt er auf 15 Seiten, wie Dora ihm als Ersatz für eine kleine kostbare Vase, die sie zerbrochen hatte, diesen Vogel geschenkt hatte. Stolzer Besitzer eines echten Picassos, zeigte es Lord noch in derselben Nacht den Gästen seiner Stammkneipe. Dora erfuhr davon und war erbost. Als Lord sie bei der nächsten Fahrt in den Süden bat, den Vogel bei ihr unterstellen zu dürfen, landete das obskure Objekt seiner Begierde für alle Zeiten in ihrer Vitrine. Der junge Freund ahnte jedoch nichts. Wieder in Paris, verlangte er den Vogel zurück. Doch Dora wollte nicht, zögerte, schob auf. »Du bist ein Schriftsteller«, antwortete sie, »Schriftstellern ist nicht zu trauen. Sie schreiben über das, was sie wissen. Selbst Romane bestehen aus dem, was sie wissen. Und ich möchte nicht, daß man über mich schreibt. So dachte ich, wenn ich das Vögelchen in meiner Obhut behalte, schütze ich damit zugleich mich selbst. Aber es gehört dir. Da kannst du sicher sein.«[163] Lord hat das Buch, das sie nicht wollte, geschrieben. Der Vogel aber wurde von Heinz Berggruen für umgerechnet 630 000 DM ersteigert.

162 Lord, *Picasso,* S. 412.
163 Ebd., S. 337.

Heute kann er in der Berggruen-Sammlung in Berlin bewundert werden.

Und noch einmal Picasso

Durch Lord bekam Dora erneut Kontakt zu Picasso. Pflegte der junge Amerikaner doch weiterhin seine Beziehung zum Weltruhm. Ganz unschuldig am letzten Zusammentreffen der beiden war er nicht. Diese Begegnung hatte es in sich. Picasso war gerade von Gilot verlassen worden. Ich habe sie mir noch einmal von James Lord erzählen lassen:

»Ich hatte ihn eine Woche zuvor noch in Vallauris gesehen. Er fragte mich, was Dora und ich noch vorhätten. Also sagte ich ihm, daß wir auf der Rückfahrt nach Paris bei Douglas Cooper haltmachen würden. Und als wir uns dann auf den Weg zu dessen Schloß machten, sahen wir als erstes bei unserer Ankunft den alten Hispano, Picassos Auto. Er war natürlich gekommen. Das erste, was Picasso zu uns sagte, war: ›Seid Ihr beide verheiratet?‹ ›Nein‹, antwortete Dora, ›nur verlobt.‹ Nach dem Abendessen sagte Picasso zu Dora auf einmal: ›Oh, Dora, ich muß dir etwas sagen, etwas Privates, sehr Persönliches. Und ich will nicht, daß die anderen es hören‹. Er stand auf – wir saßen in einem riesigen Salon, wo nur Picassos an den Wänden hingen, überall, nur Bilder von ihm, und darunter Prachtexemplare. Er ging in die andere Ecke des sehr großen Raumes, und Dora folgte ihm. Und als sie – natürlich guckte jeder von uns ihnen nach – dort angelangt waren, drehte sich Picasso, ohne ein Wort zu sagen, schnell um und setzte sich wieder zu uns. Er hatte ihr nichts gesagt. Und jeder von uns hatte es natürlich mitbekommen. Ach, war das erniedrigend für sie. Picasso ist kurze Zeit darauf wieder gefahren. Während alle den Raum verließen, um Picasso nach draußen zu begleiten, blieben wir zurück. Auf meinen Trost hin sagte Dora nur, daß es nicht schlimm sei und nicht von Bedeutung für sie wäre.«[164]

Lord beschreibt die Maar als eine starke und stolze Persönlichkeit, vor allem in der Öffentlichkeit. Menschen, die ohne Anspruch und Forderungen an sie herantraten, begegnete sie offenherzig. Raymond Mason erzählte mir, wie natürlich der Umgang mit ihr in Ménerbes gewesen sei. Auch er hatte ein Haus dort. Dora habe sich stets für seine Familie interessiert und sich eingehend nach den Kindern erkundigt. Als seine Frau sie fragte, ob sie, wenn Picasso zurückkäme, ihn heiraten würde, antwortete Dora: »Wenn er mich so fragt, wie es sich gehört!«

Tatsächlich scheint es keinen Nachfolger in ihrem Leben gegeben zu haben. Für Myrtille Hugnet ein trauriger, aber verständlicher Umstand:

»Stellen Sie sich das mal vor: Sie hat ihr Gefühls- und sexuelles Leben mit 36 Jahren beendet. Sie lebte in diesem merkwürdigen Zustand, in dem sie Picasso gelassen hatte. Ah, und Bataille! Also die Freundin von Bataille und dann die Freundin von Picasso – Puuhh! Zwei solche Individuen, stellen Sie sich das mal vor! Einer von beiden reicht schon. Aber zwei, und dann auch noch Picasso und Bataille – die doch im Grunde genommen monströs waren. Ich habe einen – Georges Hugnet – ertragen, und das war schon viel, das war gewaltig!«[165]

Andererseits emanzipierte Dora sich von Picasso. Vielleicht

164 Gespräch mit James Lord in Paris am 24. Februar 1999.
165 Gespräch mit Myrtille Hugnet in Paris am 26. Februar 1999.

wären ihre Bilder häufiger ausgestellt worden, hätte sie sich mit seinem Namen verkauft. Françoise Gilot hat davor keine Scheu. Ihre Kataloge zeigen wunderschöne Fotografien von ihr und Picasso. In über 60 Galerien auf der ganzen Welt wurden ihre Bilder ausgestellt, und sie hat gutes Geld damit verdient. Aber es fällt ihr schwer, aus Picassos Schatten herauszutreten. Mit ihr über Dora Maar zu sprechen war völlig unmöglich. Hysterisch reagierte die Mutter zweier Kinder von Picasso allein auf dessen Namen.[166] Und beruhigte sich erst wieder, als ich ihr notgedrungen vermittelte, daß es mir nur um ihre Kunst gehe.

Nicht alle nehmen darauf Rücksicht, und so ließ sich Françoise Gilot anläßlich ihrer Ausstellung im April 1999 in Paris von der Zeitschrift *Gala* dazu hinreißen, »mehr« zu erzählen: »Gala: Haben Sie sich später nie gesagt, Sie hätten sich für solch ein Genie opfern sollen? Gilot: Nie! Es existierte ohne mich. Aber an dem Tag, wo ich ihn verlassen habe, ließ seine Kunst nach!«[167]

Landschaften von Dora Maar in der Galerie Berggruen

Auch Dora Maar wollte ausstellen. Als Heinz Berggruen sie kennenlernte, wußte er nicht viel mehr von ihr als jeder andere Kunstprofi: Picassos Geliebte. Eigenwillig! Anscheinend eine begabte Fotografin. Und natürlich: das Modell der Kriegsjahre. Verewigt in Picassos größten Bildern. Berggruen hatte schon in seinen Anfängen als Kunsthändler ein Porträt von ihr besessen.

166 Gespräch mit Françoise Gilot in Paris am 30. April 2000.
167 *Gala* Nr. 355 vom 30.03. bis 05.04.2000.

Einen der monströsen asymmetrischen Köpfe. Fasziniert von der Eigendynamik des Bildes, hatte er es erworben und für sich behalten wollen. Zunächst. Doch was er als »außerordentlich« empfunden hatte, rief bei Jeanne, seiner Hausangestellten und Köchin, tiefes Entsetzen hervor: »C'est une honte.« Eine Schande! Mit dem Vorwand, ein Käufer ließe sich nur finden, wenn das Bild zentral über dem Kamin hinge, ließ sich die aufgebrachte Hausangestellte vorübergehend beruhigen. Als das Porträt von Dora tatsächlich einen Käufer fand, stiegen Jeanne Tränen in die Augen. Sie war untröstlich. »Ein so schönes Bild. [...] Ich hätte nie gedacht, daß ich wegen eines Picassos weinen würde.«[168]

Ursprünglich war es Coopers Idee. Der englische Kunsthistoriker und Picasso-Freund machte den Galeristen darauf aufmerksam, daß die Begegnung mit der ehemaligen Lebensgefährtin Picassos von Interesse sein könnte. Berggruen stand 1957 am Anfang seiner Karriere. Von ihren Bildern war er nicht sonderlich begeistert. Dora Maar malte nur Landschaften. Aber kein schlechter Kontakt, dachte er. Menschen, die Dora aus den 40er Jahren kennen, werden in die Galerie kommen. Die »Plaquettes« (Broschüren), wie Berggruens Kataloge genannt wurden, sind heute bibliophile Raritäten. Die Plaquette zu Doras Ausstellung sieht eher bescheiden aus. Aber auch Berggruen wollte nicht auf die Autorität Picassos verzichten. Seine Widmung *Pour Dora Maar. Grand Peintre* stellte er dem Katalog voran – allerdings mit dem dazugehörigen, bis zur Unkenntlichkeit verzerrten »Porträt«.

Das Vorwort hat Douglas Cooper geschrieben:

168 Vgl. Heinz Berggruen: *Hauptwege und Nebenwege. Erinnerungen eines Kunstsammlers*. Frankfurt 1999. S. 138 f.

Liebe Dora,

Du weißt, warum Du meintest, Deine Bilder müßten der Öffentlichkeit gezeigt werden, und warum Deine Wahl auf mich fiel, der es überhaupt nicht gewohnt ist, das Metier des künstlerischen Impresarios auszuüben. Aber ich akzeptiere mit Enthusiasmus die Aufgabe, die Du mir stellst, denn sie gibt mir die Möglichkeit, anderen meine Freude mitzuteilen, die ich beim Betrachten der Bilder empfinde.

Normalerweise sind es nur Anfänger oder diejenigen, deren Malerei als schwierig gilt, die ein Vorwort einfordern. Das ist aber nicht Dein Fall. Du bist gleichermaßen als Malerin wie als Fotografin bekannt, Du hast schon mehr als einmal ausgestellt, und Deine Malerei ist nicht schwierig zu verstehen. Und trotzdem, wenn ich den Hintergrund Deiner Gedanken richtig errate, fühlst Du Dich im Augenblick wie eine Anfängerin, denn diese Ausstellung bedeutet das Ende einer langen Periode, in der Du Dich in Deinem Atelier eingeschlossen hast, um zu arbeiten, allein mit einer seltenen Leidenschaft, ohne Deinen Freunden, noch nicht einmal den intimsten, zu verraten, welchen Weg Du einschlägst, und ohne sie in Momenten der Unsicherheit um Rat zu fragen.

Sicherlich, das Wiederaufschließen der Türen ist wie das Entfalten eines Schmetterlings. Du bist nicht mehr dieselbe, das ist ein Faktum. Nicht nur Deine Malerei hat sich seit Deiner letzten Ausstellung vor zehn Jahren weiterentwickelt, sie ist auch vor allen Dingen anders. Nur Fortschritt, geistige Veränderung. Deine jetzigen Landschaften unterscheiden sich von Deiner Malerei der Vorkriegsjahre oder Deines wunderbaren Porträts der Alice Toklas (1953). Keine Spur der Prägung eines meisterlichen Vorbilds mehr. Warum also verspürst Du das Bedürfnis einer »Vorstellung«? Es gibt keine strengere Kritik als die Deinige, und da Du mit Deiner Arbeit zufrieden bist, wird es Zeit, sie zu zeigen und Deine Freunde darüber urteilen zu lassen, denn das, was Du ihnen zu bieten hast, ist eine schöne Überraschung.

Ich spreche nicht nur für mich, aber ich möchte, daß Du trotzdem weißt, daß mir besonders die unmittelbare Inspiration aus der Natur gefällt. Deine Bilder sind von einem ursprünglich romantischen Geist geprägt und wirken überhaupt nicht erzwungen. Sie zeugen vor allem von gutem malerischen Handwerk. Kann ich es wagen, ohne darauf bestehen zu wollen, daß ich auf der einen Seite einen Zusammenhang zu Turner erkenne und auf der anderen einen zu Courbet? Du schätzt so sehr die Werke der alten Meister, und Deine Vorliebe für gute Malerei ist so ausgeprägt, daß ich keine Angst habe, Dir diese Annäherung zu unterstellen, die mir übrigens nur dazu dient, Dich in eine bewährte Tradition zu stellen.

Aber es ist nicht so, als müßte man Vorgänger oder Einflüsse bemühen, um die Qualitäten Deiner Malerei zu bestimmen. Ich bestehe auf der Tatsache, daß sie wirklich Deine ist. Deine Originalität erschließt sich schon beim ersten Blick durch Deinen Willen, keine gewöhnliche Malerei zu unternehmen, in der Fähigkeit, an den Moden vorbeizuschreiten, in der Akzeptanz Deiner natürlichen Art und Weise, die Dinge zu sehen, ohne nach Effekten zu haschen, und in Deiner Begabung eines wirklichen Malers, mit Pinsel und Messer umzugehen. Was spielt es also für eine Rolle, wenn Deine Malerei an der Seite abgekupferter Abstraktionen, Schmierereien und schreiender Farben, die nur dazu dazusein scheinen, unsere Augen zu deformieren und zur gleichen Zeit die mangelnde Schöpferkraft von so vielen Werken zeitgenössischer Kunst zu proklamieren, vielleicht nicht zeitgemäß erscheint?

Auf jeden Fall ist sie nicht banal. Du hast die wahre Sicht eines Malers, und Du hast den Mut, dieser Sicht bis zur Umsetzung auf der Leinwand zu folgen, und Du wirst von einer guten Hand geführt, in einer bemerkenswerten Weise, mit Farbe umzugehen, einer Sensibilität und sehr sicherem Instinkt.

Es gibt in der Kunst verschiedene Möglichkeiten, die Realität, die hier Natur heißt, zu spüren und darzustellen, auf die Deinige und auf andere. Und alle, die ein wahres Talent zu schätzen wissen und eine authentische Sichtweise, können sich nur über Deine Rückkehr in die Pariser Kunstszene freuen. Du siehst die Natur so, wie Du sie fühlst, in ihrer gesamten rätselhaften und göttlichen, rauhen, wilden, edlen, sanften, üppigen oder tragischen Beschaffenheit. Aber Dein Publikum muß wissen, daß Du das alles in der wundervollen Landschaft zwischen dem Lubéron und dem Ventoux findest, wo wir uns so oft treffen, wenn Du Deine Ferien in Ménerbes verlebst. Und trotzdem bist Du kein Lokalmaler – noch eine Malerin *(femme peintre)* – im mühseligen Sinne des Wortes – und um so mehr vermittelt sich dadurch Deine Originalität.

Muß ich noch hinzufügen, da ich das Glück habe, jeden Tag eine Deiner Landschaften zu sehen, daß sie von denjenigen, die an meinen Wänden hängen, akzeptiert worden ist und daß ich mich über ihre Präsenz in meinem Haus sehr freue?

Meine »Vorstellung« ist hiermit beendet. Ich hoffe, Du findest keinen Anlaß, mir dies als schlechte Deutung vor der öffentlichen Meinung vorzuwerfen.

Ich unterzeichne nun in alter Freundschaft,

Dein Douglas Cooper

Ist der Vergleich mit Courbet und Turner nicht etwas hoch gegriffen? Oder entzieht sich Cooper nur geschickt einer unmittelbaren Stellungnahme zu ihrer Malerei?

Wie dem auch sei: Die Plaquette zu Dora Maars Ausstellung ist mittlerweile auch eine Kostbarkeit – auch wenn sie nur aus wenigen Seiten besteht. Der ehemalige Galerist besitzt nur noch ein Exemplar. »In meiner unendlichen Güte«, Heinz Berggruen schaute mir in die Augen, »habe ich eine Kopie für Sie gemacht. Dann hat sich Ihr Besuch schon deshalb gelohnt.«

Aber wie ist das, Bilder auszustellen, von denen man gar nicht überzeugt ist? »Das kommt immer wieder mal vor«, sagt Berggruen, »viele Kunsthändler stellen Bilder aus, von denen sie nicht viel halten. Man will verkaufen. Man braucht Kontakte.« Ob das auch bei Maars Ausstellung so gewesen ist?

Die Zusammenarbeit mit ihr war sehr angenehm. Sie erwies sich als ausgesprochen kompetente Gesprächspartnerin. Das hatte ihm schon Picasso gesagt. Die Malerin hatte Lust, ihre Bilder auszustellen, und war höchst zufrieden mit der Arbeit ihres Galeristen. Sie dankte es ihm mit »ein paar kleinen Sachen von Picasso«: einige der bemalten Streichholzschachteln. (Die anderen, die Dora Maar behielt, kamen 40 Jahre später für je durchschnittlich 21 000 DM unter den Hammer.) Man wird die Schachteln vergeblich in der Sammlung von Berggruen suchen. Sie liegen in seiner Wohnung in Paris.

Auch Heinz Berggruen machte es Spaß, mit dieser »blitzgescheiten Persönlichkeit« zu arbeiten. Obwohl man manchmal nicht genau wußte, was in ihrem Kopf vorging. Setzte sie vielleicht auch private Hoffnungen in die Begegnung? Cooper war mit Picasso eng befreundet. Aber die Maar verlor kein Wort darüber. »Gut, Sie wollen das ausstellen, sehr schön.« Alles war selbstverständlich. Auch der Preis der 26 Bilder, der niedrig angesetzt war, umgerechnet ungefähr 2000 DM pro Bild. Damit war sie einverstanden. Damals hatte sie noch keine Illusionen.

Die Ausstellung war ein Erfolg. Gefällige Landschaften. Freundschaftliche Erinnerungen. Reich wurden Künstlerin und

Galerist nicht. Immerhin wurden die Auslagen gedeckt. Viele ihrer alten Freunde waren gekommen. Aber ob Dora Maar zur Vernissage gekommen war, daran konnte sich Heinz Berggruen nicht mehr erinnern. James Lord schon: »Es waren mehr Menschen gekommen, als man hätte vermuten können. Dora war so etwas wie eine Legende geworden, seit sie sich mehr und mehr von der Öffentlichkeit zurückzog [...]. Sie war inmitten eines Zirkels von Freunden und Fremden [...].«[169]

Warum hatte Berggruen nicht ihre Fotos ausgestellt? Darauf wurde er öfter angesprochen. »Dora Maar malt? Und ihre Fotografien? Warum hat sie die eigentlich aufgegeben, sie fing doch gerade an, sich einen Namen zu machen? Hat sie den *Père Ubu* eigentlich verkauft? Dieses Monstrum?« Solche oder ähnliche Kommentare werden Berggruen dazu verleitet haben, Dora danach zu fragen. Denn sie selber sprach nie davon. Für sie zählte nur ihre Malerei. Sie schmetterte sein Angebot ab. Non!

»Schade«, so Heinz Berggruen am 19. März 1999, »das wäre ein wirklicher kommerzieller Erfolg geworden.« Aber er kennt den Spleen der Fotografen. Sein guter alter Freund Henri Cartier-Bresson reagiert genauso: »Fotografieren kann jeder, aber malen, das ist etwas Besonderes.« Ganz ähnlich Man Ray.

So blieb es bei dieser Ausstellung. Dora hätte gern noch weitere Bilder ausgestellt. Aber es waren nicht ihre Bilder, die Berggruen interessierten.

Bevor sich ihre Wege für lange Zeit trennten, nahm Dora Maar noch einmal Kontakt zu ihm auf. Sie hatte seine Freundin Monique kennengelernt und wollte sie gern als Modell. Berggruen war einverstanden. Um seine Freundin zu überzeugen, bedurfte es nur eines Stichworts: Picasso. Aber auch dieser

169 Lord, *Picasso*, S. 369.

Kontakt beschränkte sich nur aufs Professionelle. Dora Maar tauschte nicht ein Wort mit dem jungen Mädchen aus, zeigte sich aber großzügig und schenkte ihr eine Studie ihres Gesichts.

Bleiben die Bilder

War Dora Maar eine verkannte Malerin? Schwer, hier – wie immer in der Kunst – ein Urteil zu fällen. Die Werbetrommel Gilots für ihre Bilder – farbige Prospekte mit vielen Erklärungen und Lobhudeleien – bezeugen ihr Talent ebensowenig, wie es Doras Bescheidenheit tat. Schwer, im Gefolge eines Genies Autarkie zu gewinnen.

Gilot will etwas beweisen und bleibt dadurch den Beweis schuldig. Dora Maar will in ihrer stolzen Zurückhaltung nichts anderes.

»Ich will anders malen« beweist immer noch Abhängigkeit. Picasso hinterließ für seine unmittelbare Umgebung Brachland. Davon handelt dieses Buch. Nicht von »der verkannten Dora Maar«. Wohl aber von einer kreativen Frau, die mehr war als Muse und Begleiterin eines Genies. Sie war autark. Die Bekanntschaft mit Picasso hat sie nicht vermarktet. Im Gegenteil: Ihr wurde das alles lästig.

Bleiben die Fotografien. Was ist an Fotografie überhaupt Kunst? Fragten sich auch die größten Fotografen. »Ich knipse«, gestand Gisèle Freund Roger Willemsen in einem Fernsehinterview.

Ubu bleibt ein Rätsel – ein schauderhaftes. Keiner weiß, was es ist. Es erschreckt. Ist das Dora Maar? Entstellte Picasso sie nicht, sondern erkannte er sie? – Was sie so erschreckend nicht fand, sondern auch noch nachmalte und da und dort variierte. Fragen, die keinen neuen Mythos bilden, sondern ihrer Person nur näherkommen wollen. Kein einfaches Unternehmen. Dora Maar schien alles dafür getan zu haben, in Vergessenheit zu geraten.

»Und dann verschwand sie vom Erdboden«[170]

Myrtille Hugnet erinnerte sich an das langsame Verschwinden Doras von der gesellschaftlichen Oberfläche. In den 50er Jahren saß ihr Mann, Doras surrealistischer Weggefährte Georges Hugnet, der Malerin Modell. Die 20 Jahre jüngere Myrtille saß für Doras Freund Balthus.

»Ich erinnere mich noch, wie ich Georges bei Dora abholen wollte. In ihrem Vorzimmer hatte sie einen riesigen Vogelkäfig. Und sobald man klingelte, fingen die Vögel wie wild an zu zwitschern. So kam es, daß sie nie die Klingel hörte. Daraufhin hat sie später dann behauptet, daß sie auch das Telefon nicht mehr höre. Denn beim Läuten würden die Vögel genauso anfangen zu zwitschern. Und dann verschwand sie vom Erdboden. Sie hatte sich wahrscheinlich noch mehr in ihren Mystizismus vergraben. Man wußte nie genau, ob sie gerade in Ménerbes oder in Paris war. [...] Einmal rief mich mein Sohn an. ›Rate, wo ich gerade bin, Mama! Ich trinke mit Dora Maar einen Whiskey.‹ Ich konnte es gar nicht glauben. Es war unglaublich. Ich bin natürlich dann auch zu ihr gegangen. Da habe ich dann diesen mittlerweile be-

170 Myrtille Hugnet.

rüchtigten riesigen Vogelkäfig gesehen. Und ihr Zimmer, das grausig war, denn während der Besatzungszeit war es total verkommen, nichts konnte damals repariert werden. An den Wänden waren überall Risse und Wasserflecken. Und Picasso hatte sich jeden Fleck vorgenommen und daraus ein Insekt gemacht – doch eher ein ekliges als ein niedliches. Jeden Fleck hatte er in ein alptraumhaftes Wesen verwandelt. Und wenn man sich vorstellt, daß sie damals bereits psychische Probleme hatte ...«[171]

Jahre später besuchte Dora Myrtille noch einmal. Lange nachdem Dora bei ihren ehemaligen Freunden als »verschollen« galt.

»Ich glaube, das war so 1976, sie war 69 Jahre alt. Man ist noch jung mit 69 Jahren. Sie kam in einem marineblauen Kleid mit weißen Punkten. Sie trug weiße Handschuhe und einen kleinen weißen Hut. Ganz schick, ganz frisch. Maude Westerdhal, die Frau des Surrealisten Eduardo Westerdhal, war bei mir. Mein Gott, was war das für ein Wiedersehen! Zwei Freundinnen, die überglücklich waren, sich wiederzusehen. Sie tauschten dann den ganzen Nachmittag ihre Erinnerungen über die Besatzungszeit aus. Maude hatte damals einen kleinen Keramikofen, und beide brannten darin Keramik. Mhm, ich habe nie Keramik von Dora gesehen, wohl aber von Maude.«[172]

So schick wie zu diesem Zeitpunkt war Dora Maar nur noch selten gekleidet. Lord erinnerte sich nur an drei bis vier sehr schöne Kleider, die er an ihr gesehen hatte. Auch Heinz Berggruen vermißte das Mondäne aus den Porträts Picassos. Dora schien an alldem nicht mehr interessiert. Immer mehr zog sie sich in die Rue de Savoie Nr. 6 zurück. Das Leben hatte sich

171 Gespräch mit Myrtille Hugnet in Paris am 26. Februar 1999.

172 Tatsächlich fand sich in dem Nachlaß von Dora Maar kein einziges Keramikobjekt von ihr.

verändert. Die meisten ihrer Freunde waren bereits gestorben. Die gesellschaftlichen Ereignisse waren nicht mehr das, was sie einmal gewesen waren. Der Krieg hatte eine Epoche geistiger und künstlerischer Blüte beendet, die im 20. Jahrhundert einmalig bleiben sollte.

»Aber Madame Maar interessiert sich überhaupt nicht mehr dafür!«

Ihre Fotografien blieben. Der Kunsthistoriker Christian Bouqueret saß an einer Geschichte der Fotografie, als er Dora Maar 1983 aufsuchte.[173]

»Einmal war ich im Lubéron, wo sie ein Haus in Ménerbes hatte, und ich rief sie an. Sie gab vor, das Hausmädchen zu sein. Und da ich ihre wunderschöne Stimme von einem anderen Telefonat bereits kannte, fand ich das sehr komisch. Und sie fragte mich dann: ›Was wollen Sie‹? Ich fragte, ob ich mit Madame Dora Maar sprechen könne. Ich würde ihr gern einige Fragen stellen, da ich an einem Buch über surrealistische Fotografie arbeiten würde. ›Aber Madame Maar interessiert sich überhaupt nicht mehr dafür, das ist alles schon sehr weit weg für sie.‹ Und dann wiederum schlüpfte sie in die Rolle von Dora Maar, ob nun bewußt oder unbewußt, weiß ich nicht. Es war auf jeden Fall eine absurde Situation.«[174]

Christian Bouqueret blieb hartnäckig. Dora Maar durfte in seinem Buch nicht fehlen. Auch mußten die wenigen Angaben,

173 Christian Bouqueret: *La nouvelle photographie en France 1919–1939.* Poitiers 1986.

174 Gespräch mit Christian Bouqueret in Paris am 29. März 2000.

die er zu ihrer Person gefunden hatte, korrigiert und vervollständigt werden. Schließlich gelang es ihm, von Dora Maar empfangen zu werden:

»Ich begegnete einer kleinen, sehr verschlossen wirkenden alten Dame, die scheinbar sehr zurückgezogen lebte. Auch wenn ihr Appartement sehr vernachlässigt wirkte, war sie selber sehr wach und frisch. Man sah, daß sie einmal eine sehr schöne Frau gewesen sein mußte. Klasse hatte sie immer noch. Für sie waren ihre Fotos nichts Besonderes. Es schien, als wollte sie einen Schlußstrich unter ihre Vergangenheit ziehen. Das einzige, was sie interessierte, war ihre Malerei. Doch ich weiß, daß ich nicht der einzige war, der sie ihrer Fotos wegen aufgesucht hat.«

Das Interesse an ihrer Fotografie ging nicht spurlos an ihr vorüber. In den 70ern fing Dora Maar wieder an zu fotografieren. Sie wollte auf dem neuesten Stand der Technik sein. Dora wandte sich an Monique Schneider-Manoury, die Lebensgefährtin von Georges Bernier. Als Galeristin kannte diese genügend Leute, die ihr weiterhelfen konnten. Den empfohlenen Fotografen suchte Dora direkt auf. Mit einer Polaroidkamera bewaffnet, machte sie sich dann auf die Straße. Victoria Combalía erzählte sie davon:

»Ich mache wieder Rayogramme. Ich habe auch versucht, mit einer Polaroidkamera zu arbeiten, aber ohne besonderen Erfolg. Ich bevorzuge schwarz-weiß. Neulich bin ich auf die Straße gegangen, um zu sehen, was das gibt. Doch heute kann man wegen der Autos keine Straßenfotografien mehr machen. Das Straßenleben hat sich sehr verändert, finden Sie nicht? Es ist ungewöhnlich, die Leute sind auf eine merkwürdige Art und Weise angezogen, aber trotzdem ist es nicht mehr interessant, es ist banal.«[175]

Anlaß dieses Gesprächs war die Ausstellung ihres fotografi-

175 Dora Maar im Interview mit Victoria Combalía 1994.

schen Werks 1995 in Barcelona. Eine Übernahme ins Centre Georges Pompidou lehnte Dora Maar schließlich doch ab. Sie war bereits 88 Jahre alt. Aus der ehemals mondänen Künstlerin war eine zurückgezogen lebende alte Frau geworden.

»Es war, als sänge sie allein in der Welt von Kunst und Menschlichkeit«[176]

Georges Bernier wohnte mit Monique Schneider-Manoury nur wenige Schritte von Dora Maars Wohnung entfernt. Die ersten Male übersah Dora den Gruß ihres ehemaligen Schulkameraden, wenn sie sich auf der Straße begegneten. Was war geschehen? War sie beleidigt? Bernier hatte ihr als Herausgeber von *L'œil* keinen Artikel in seiner Kunstzeitschrift gewidmet. Georges Bernier[177]:

»Man hatte sie noch eine Zeitlang in den Salons von Marie de Noailles und Lise Deharme gesehen. Aber dann, eines Tages, wandte sie sich wieder der Religion zu, von der sie schon immer angezogen gewesen war. Als sie ein junges Mädchen gewesen war, las sie bereits Eliphas Levi, was nicht die gewöhnliche Lektüre junger Überraschungsparty-Besucherinnen war. Und dann eben eines Tages fand sie ihren Katholizismus wieder; und von da an existierte nichts anderes mehr für sie. Zu dieser Zeit traf ich sie öfters auf der Straße. Jeden Tag ging sie zur Messe. Aber sie sprach in der Öffentlichkeit nur selten davon, es blieb ihre Privatangelegenheit. Einmal traf ich sie auf

176 James Lord.
177 Gespräch mit Georges Bernier in Suèvres am 29. August 2000.

der Straße, als ich mit dem Auto unterwegs war. Ich ließ sie einsteigen und brachte sie zur Kirche. Dora war, wie sie immer war. Sie war weniger katholisch als mystisch, aber eben sehr diskret.«

Nicht ganz so zurückhaltend wie Bernier, Berggruen, Hugnet und Mason beschreibt Lord ihre Frömmigkeit: »Sie hatte eine Art, Dinge zu äußern, die keinen Widerspruch duldeten. [...] Sie konnte Picasso oft strikt verdammen, tat dies auch, und rühmte buchstäblich noch im selben Atemzug seine Tugenden.«[178]

Dora habe, so Lord, Briefe an Picasso geschrieben, in denen sie ihn gebeten habe, nach Erlösung zu streben. In den Gesprächen mit James Lord mischte sich eigentümlich ihr Glaube mit ihrer eigentlich pragmatischen Weltsicht. »Sie fand offensichtlich auf alles eine Antwort, und in ihrer Silberstimme schien nichts, was sie sagte, dogmatisch oder tendenziös. Es war, als sänge sie allein in der Welt von Kunst und Menschlichkeit, einzig wegen ihres köstlichen Liedes, und ich war verzaubert. Je öfter ich sie sah, desto öfter wollte ich sie sehen, was ihr scheinbar nicht mißfiel.«[179]

Lords Kontakt zu Dora Maar brach in den 50er Jahren ab. Im Lauf der Jahre zog sie sich immer mehr zurück. Aber ganz verlor sie den Kontakt zur Außenwelt nicht.

Die Kunsthistorikerin Brigitte Léal[180] erinnerte sich – ganz anders als Christian Bouqueret – an eine herzliche alte Dame. Der Konservatorin am Centre Georges Pompidou ging es nicht wie Bouqueret um Maars fotografisches Werk, sondern um Technik und Entstehungszeiten bestimmter Picasso-Gemälde.

178 Lord, *Picasso,* S. 172.
179 Ebd., S. 156.
180 Gespräch mit Brigitte Léal in Paris am 12. März 1999.

Maars Gedächtnis war – selbst noch ein Jahr vor ihrem Tod – lückenlos. Seiner Kunst und deren Verbreitung stand sie nicht im Weg, ganz im Gegenteil: Sie gab nicht nur Auskunft, sondern stimmte auch der Veröffentlichung einiger ihrer Picasso-Werke in Katalogen und Monographien zu.

Ein hoher Preis für Marcel Fleiss

1990 trat Herschel Chipp an Dora Maar heran. Der Amerikaner arbeitete an einer Monographie über *Guernica.* Auf dem Weg zu ihr kam er an der Galerie *1900–2000* vorbei. Der Inhaber Marcel Fleiss[181] hat sich seit über 30 Jahren einen Namen als Kenner der Szene, besonders des Surrealismus gemacht. Man Ray hatte ihm eines Tages gesagt: »Laß die Pelze, du wirst Händler!« Der junge Fleiss stieg aus dem Pelzgeschäft seiner Eltern aus und verkaufte von nun an Kunst. Als ihm ein befreundeter Galerist zwölf Malereien von Dora Maar anbot, griff er sofort zu. Natürlich kannte er Dora Maar, wenn auch nur als Fotografin. Die Ölbilder standen noch an seinen Schreibtisch gelehnt, als Herschel Chipp die Galerie betrat: »Welch Zufall, gleich um 15 Uhr werde ich Dora Maar treffen, und hier stehen Bilder von ihr.« Fleiss war nicht minder erstaunt. Er ahnte nicht, daß sie noch lebte. »Wenn es Ihnen recht ist, erzähle ich ihr davon«, verabschiedete sich Chipp. Gesagt, getan. Punkt 15 Uhr klingelte in der Galerie das Telefon. »Herr Herschel Chipp sagt, Sie hätten Bilder von mir. Das ist nicht möglich, ich habe nie

181 Gespräch mit Marcel Fleiss in Paris am 4. Dezember 1998.

welche verkauft.« Zwei Tage später besuchte der Galerist die alte Dame. Sie ließ ihn vor der Tür warten. Als sie ihm dann Punkt drei Uhr öffnete, bat sie ihn nicht herein. Mit erhobener Stimme wies sie ihn zurecht: »Junger Mann, wenn ich drei Uhr sage, dann meine ich nicht halb drei, nicht Viertel vor drei, sondern drei!« Ihr Argwohn schwand, als Fleiss ihr erzählte, daß er mit Man Ray und Georges Hugnet befreundet gewesen war. Und nach einigem Hin und Her bestätigte sie, daß die Malereien doch von ihr seien. Dora Maar hatte nichts gegen eine Ausstellung bei Fleiss einzuwenden. Nur bestand sie darauf, den Katalog zur Ausstellung vorher zu sehen: »Alles, was man über mich schreibt, ist falsch!« Als erstes korrigierte sie ihr Geburtsdatum.

Das Vertrauen war so weit hergestellt. Nun wagte Fleiss, nach ihren Fotografien zu fragen. Sie war bereit, ihm welche zu verkaufen. Mehr als 90 – alle, dachte Marcel Fleiss. Er erinnerte sich, daß sie Wochen und Monate um den Preis der Bilder feilschten. Das Interesse an ihrer Fotografie schien ihr zu Kopf gestiegen zu sein: »Ich bin so teuer wie Man Ray!« Sie forderte 100 000 Francs für jedes Bild. Doch der Übermut verflog schnell. Man einigte sich auf 10 000 Francs. Der Kauf stand allerdings unter einem unguten Stern. Schon bei seinem letzten Besuch war ihm Hitlers »Mein Kampf« ins Auge gefallen. Es stand für jedermann sichtbar in ihrem Regal. Was suchte so was bei Dora Maar? Als der Verkauf besiegelt werden sollte, zögerte die alte Dame einen Moment: »Nun gut, ich verkaufe Ihnen die Bilder. Sie sind nicht Jude?« Marcel Fleiss log und verneinte.

Die Ausstellung im Juli 1990 lief nur mittelprächtig. Auch wenn der Besucherandrang groß war. Wieder einmal waren es alte Freunde, die hofften, Dora wiederzusehen. Aber auch diesmal wurden sie enttäuscht. Die alte Dame tauchte erst Tage später in der Ausstellung auf. Sie war begeistert und bedankte sich bei Fleiss. Auch wolle sie noch gern einige Kataloge – für Freunde! Dora Maar und ihr Galerist hegten von nun an Vertrauen und große Sympathie füreinander. Mindestens einmal die Woche telefonierten sie. Ein Jahr lang. Dann hörte Fleiss auf einmal nichts mehr von ihr. Als er sie dann schließlich erreichte, erfuhr er, warum. Sie war bitterböse über seine Ausstellung von Alain Jacquet. Kreuze, wie sie dieser Künstler darstelle, seien Blasphemie. Ihr zu erklären, daß die Ausstellung Duchamp gewidmet war und Jacquet nur ein Motiv aufgenommen hatte etc., war unmöglich. Verärgert hing die Maar ein. Keine Anrufe, kein Kontakt mehr.

1991 stellte Fleiss die Fotografien aus. Er konnte sie an Museen und Händler aus aller Welt verkaufen, einige für 350 000 Francs.

Wiedersehen sollte Marcel Fleiss Dora Maar erst, als sie schon aufgebahrt in einem einfachen Holzsarg lag. Die Nachbarin hatte ihn gebeten, für die Einkleidung des Leichnams aufzukommen – es sei kein Geld vorhanden.

»Mein Kampf« in ihrem Bücherregal

War Dora Maar Antisemitin? Seltsam, sich das vorzustellen.

Raymond Mason dazu: »Alle Intellektuellen lasen ›Mein Kampf‹, damit sie wußten, womit sie es zu tun haben. Sie hätte absolut verrückt geworden sein müssen, denn alle Händler sind Juden.«[182]

182 Gespräch mit Raymond Mason in Paris am 22. Februar 1999.

Und Heinz Berggruen: »Sie meinen, daß man ihr schon eine Art Antisemitismus in die Schuhe schiebt? Ich kann es mir nicht vorstellen. Und ich wiederhole, daß ich den Fleiss sehr schätze als eine ehrliche, anständige Seele. Wenn ich die Zeit dazu habe, werde ich vorbeigehen – denn ich wohne ja in der Nähe – und ihn noch einmal befragen. Ich habe die Geschichte entweder noch nie gehört oder vergessen. Da ich selber Jude bin, hätte es mich doch genügend beeindruckt, um im Gedächtnis verhaftet zu bleiben. Daß er sich nun so etwas ausdenkt, ist beinahe unvorstellbar, ist er doch nicht der Typ. Das einzige, was noch möglich ist – aber ich werde ihn noch einmal befragen – vielleicht gab es eine Krise in ihrem Leben – und das kann jedem Menschen passieren –, daß sie vielleicht ein ganzes Jahr verrückt gespielt hat, besessen von den Katholiken oder dem Priester: ›Uuuuh, die Juden und so.‹ Und dann hat sie sich das Buch beschafft. Er ist ja ein Verführungskünstler, der Hitler. Daß sie da Sachen fand, die sie aufgeregt haben. Warum verkauft sie mir dann? Denn das wußte sie. Ich kann nur annehmen, daß sie wußte, daß ich jüdisch bin. So etwas erfährt man schon. Und sie war schnell. Sie war keine, die hinter dem Mond lebte. War sie nie. Schwer zu erklären, aber ich werde mit ihm darüber reden, interessiert mich. Außerdem ist Fleiss, so wie ich es sehe, auch nicht der Mann, der dann lügen würde, nur weil er dann vielleicht mehr Chancen hätte, ein Foto zu kriegen, er hätte dann sagen können, so wie ich ihn kenne: »So what? Warum fragen Sie das überhaupt?«[183]

183 Heinz Berggruen in Berlin am 19. März 1999.

Mit zunehmendem Alter fiel Dora Maar das Gehen schwer. Seit längerem litt sie unter Rheuma. Das hinderte sie jedoch nicht, weiterhin jedes Jahr für mehrere Monate nach Ménerbes zu fahren. Sie nahm sich ein Taxi von Paris bis in den kleinen Ort inmitten des Lubéron. Nur war sie jetzt gezwungen, viel im Haus zu bleiben und die Landschaften aus dem Gedächtnis zu malen.

Sie war keineswegs, was die Einwohner sich unter der ehemaligen Geliebten von Picasso vorgestellt hatten. Wie konnte ein so agiles Männchen mit einer so zurückhaltenden Dame liiert gewesen sein? In die Annalen von Ménerbes hat sich die »Geschichte mit dem Briefträger« eingeschrieben. Der arme Kerl sollte eines Tages von Picasso, als dieser im Sommer 1946 mit Françoise da war, für seine Dienste entlohnt werden. Wegen der vielen Post. Picasso saß gerade an einer kleinen Arbeit. »Nimm das oder 100 Francs!« Der Postbote zögerte nicht lange und zog mit den 100 Francs glücklich von dannen.

Dora Maar bekam man nicht oft zu Gesicht. Sie empfing kaum noch jemanden in ihrem Haus und ließ sich nur in der Kirche sehen. General Bourgue sagte, sie sei fromm, sehr fromm, allzu fromm gewesen. Eine strenggläubige alte Frau, die sich dem Zweiten Vatikanischen Konzil widersetzte. Was hat Gott mit dem Geist der Gegenwart zu schaffen? Der Versuch, sie in die Gesellschaft Ménerbes' zu integrieren, scheiterte. Dora Maar hatte keine Lust, auf irgendeinen Feldherrn, dem zu Zeiten Napoléons ihr Haus gehörte, anzustoßen.

Zurück blieb eine alte, korpulent gewordene Frau, die in ihren einfachen provenzalischen Röcken nicht im entferntesten an die mondäne Geliebte Picassos erinnerte.

Das letzte Mal sah man sie 1996. In den Sommern darauf blieben die Läden verschlossen. Doch dann, eines Tages (war es im Herbst 1998? General Bourgue erinnerte sich nicht mehr ganz genau[184]), stand die Haustür weit offen, sämtliche Läden waren geöffnet. Besuch aus Paris. Aber nicht Dora Maar, sondern Herren in dunklen Anzügen, die Auktionatoren, waren gekommen. Man stellte ihr Haus auf den Kopf. Der Bürgermeister verständigte sofort General Bourgue. Es galt das Dorfeigentum zu erhalten. Er sollte die Herren über die Verhältnisse aufklären. Denn geschenkt hatte man Dora Maar die Kircheneinrichtung nicht. Es bedurfte keiner großen Überzeugungskraft. Engel und Balken wurden ins Haus zurückgetragen. Der ehemalige Panzerführer stutzte. Endlich die langersehnte Gelegenheit? Schnurstracks ging er in das riesige Haus. Keiner beachtete ihn. Er stürmte die Treppe hoch, suchte und fand. Das Badezimmer! Allerdings in einem völlig desolaten Zustand. Von Gipsabdrücken keine Spur. Seine militärische Entschlossenheit war umsonst gewesen. Die erotischen Reliefs Picassos, von denen Tony Mayer – ein ehemaliger Freund von Dora Maar und Picasso – immer wieder erzählt hatte, ließen sich nicht finden. Angeblich sollte Picasso mehrere Akte in den Gips des Badezimmers geritzt und dies der Hautevolee von Ménerbes kundgetan haben. Aber nichts war zu sehen. General Bourgue war noch, als er mir davon erzählte, zutiefst enttäuscht. Natürlich hätte er es sofort den Herren Auktionatoren gemeldet! Aber wer hat schon die Chance, ein »noch unbekanntes Meisterwerk von Picasso« als erster zu sehen?

184 Gespräch mit General Lucien Bourgue in Ménerbes am 24. April 1999.

Doras Beine schmerzten. Rheuma! Kein Gedanke mehr an Ménerbes. Noch nicht einmal an den täglichen Gang zur Messe in die Kirche Saint-Sévérin. Zum Glück gab es noch die Nachbarin Madame Jones, die sich um die Greisin kümmerte. Diskret und Dora Maar verpflichtet, lehnte die alte Dame ein Gespräch mit mir ab. Sie hatte wohl veranlaßt, daß barmherzige Hände der Assistance Sociale das Notwendigste bei Dora verrichteten: ein bißchen Haushalt und warmes Essen. Aber wer kümmerte sich um die Rechnungen? Elektrizität und Telefon wollten bezahlt werden. Das Geschäft mit Fleiss lag sieben Jahre zurück. Für 92 Fotos hatte er ihr 920 000 Francs bezahlt. Von dieser Summe wollte sie von nun an leben, hatte sie damals gesagt.

Als Dora Maar Heinz Berggruen anrief, hatte sie keinen Sous mehr. Wo waren die umgerechnet fast 300 000 DM geblieben? Paris ist zwar teuer. Aber da Dora ihre Eigentumswohnung kaum mehr verließ …

Das Geschäft mit Heinz Berggruen führte zu einigen anregenden Gesprächen. Von übersteigerter Religiosität oder Mystizismus war nichts zu spüren. Die bettlägerige alte Dame war klar und der Welt zugewandt. Warum sollte sie ihm nicht mehr verkaufen? – Die Tuschzeichnung war zwar nicht das, was der 82jährige Sammler sich erhofft hatte. Aber sie verstanden sich gut. Warum nicht nachhaken? »Dora, diese Schätze, die Sie da haben und an die ich mich zum Teil erinnere, ja, was geschieht nun mit all denen?«[185] Berggruen traute seinen Ohren nicht. »Ja, ich habe da einen Priester, der kümmert sich. Es geht alles an

185 Gespräch mit Heinz Berggruen in Berlin am 19. März 1999.

die Kirche. Das ist das Beste, was man tun kann!« Heute kann Heinz Berggruen darüber lachen. »Natürlich konnte ich nicht antworten: Großer Fehler, tun Sie das nicht.« Doras Stimme klang so unerschütterlich, daß jeder Einwand ihre Entscheidung nur noch verstärkt hätte. Hatte sie womöglich dem Pastor schon vorher Bares gegeben?

Dora Maar starb, ohne Heinz Berggruen ein weiteres Bild verkauft zu haben. Aber auch die Kirche sollte nichts bekommen. Heinz Berggruen:

»Und dann stellte sich heraus, daß dieser Priester, zu dem sie anscheinend ein gutes Verhältnis hatte, schon ein paar Jahre vorher verstorben war, und daher hat sie dann nichts mehr von ihm gehört. Dadurch war eine Art Testament, in das er eingesetzt war, ungültig. Hätte es nämlich bestanden, Priester, Kirche … und man weiß ja, wie die Kirche ist, wenn es zu solchen Sachen kommt – sind die sehr hinterher, aus gutem Grund. Dann wäre das auch sicher alles versteigert worden, und die Kirche hätte darauf bestanden, mehr als fünf Prozent zu bekommen, dann fallen ja die Genealogen weg, und dann können sie ja auch noch äußern: ›Hier, für einen guten Zweck, nehmt mal nicht so viel Geld …‹, mit dem Staat noch reden und solche Sachen. Aber das hat Dora natürlich nie erfahren, weil sie ja tot war. Aber ist auch ein bißchen verrückt, daß sie sich so abgegrenzt hatte, daß sie gar nicht mehr wußte, daß dieser Priester, zu dem sie dieses Vertrauensverhältnis hatte, schon gar nicht mehr lebte. Auch ein bißchen doll, nicht?«

Ein Sänger fehlt noch im Chor der Zeitzeugen. Immer wieder war sein Name gefallen: Balthus. In der einschlägigen Literatur gilt er als »eine der wohl rätselhaftesten Persönlichkeiten unter den Malern des 20. Jahrhunderts« bis hin zu einem der »bedeutendsten Maler des 20. Jahrhunderts«. Auf jeden Fall war er in den 50er Jahren der beste Freund von Dora Maar gewesen! Das hatten fast alle bekundet.

Als Maler nur im kleinsten Kreis bekannt, verkehrte er in den 50er Jahren in denselben Salons wie Dora. Raymond Mason erinnerte sich an die Abende bei Carmen Baron, wo er beide traf. Der Einzelgänger Balthus brillierte durch Charme, feinen Witz und bissige Ironie. Er und Dora trafen sich auch allein. James Lord begegnete beiden in einem kleinen Restaurant unweit von Doras Wohnung. Den gutaussehenden, obgleich schlaksig wirkenden Maler habe Dora am häufigsten getroffen. Lord vermutet, daß beide das Gefühl, in der Welt ganz allein zu sein, verbunden hatte.[186] Dora war gerade von Picasso, Balthus von einer jungen Adligen verlassen worden. Lord erzählt von angeregten Gesprächen zwischen den beiden. Dabei ging es nicht nur um Verflossene, sondern hauptsächlich um Kunst. Picasso sah sogar Doras Malerei von Balthus beeinflußt. Und dies sehr ungern. »Diese [konservative] Art der Malerei mag für Balthus nicht überwunden sein, sicher aber für jemanden, der einmal gegen den Strom der Tradition […] geschwommen ist. Balthus hat im Fahrwasser Courbets angefangen und ist nie weit über ihn hinausgekommen. Für Dora Maar ist diese Malerei ein Anachro-

186 James Lord: *Einige bemerkenswerte Männer.* (New York 1996) München 1998. S. 176.

nismus.«[187] Ihre Bilder sind in der Tat nicht modern. Balthus wohl auch nicht. Aber dieser schwamm keineswegs mit dem Strom. Seine Bilder, oft der Kinderpornographie bezichtigt, wagen sich an ethische Grenzen. Man kann gar nicht so recht entscheiden: Geht das noch? Wühlt das nicht tiefste Zonen des Unerlaubten auf? Freilich auf künstlerisch höchstem Niveau.

Noch in den 50er Jahren zog Balthus von Paris fort in ein verlassenes Schloß im Süden Frankreichs. Auf dem Weg nach Ménerbes besuchte Dora ihn gelegentlich dort. Zweimal mit James Lord. Und wieder erzählt er von den geistreichen Gesprächen der beiden. Balthus habe seine Bewunderung über Doras Arbeit geäußert und ihr Anerkennung für die Zukunft prophezeit. Das war Mitte der 50er Jahre in Paris. Dora hatte einen Teil ihrer Bilder 1946 in der Galerie von Pierre Loeb gezeigt. 13 Jahre nachdem Balthus bei dem Galeristen ausgestellt hatte, der sich als Kenner der Avantgarde einen Namen gemacht hatte.

In ihrem Nachlaß fand man eine Ölskizze von Balthus: ein zarter Mädchenkopf auf Karton gemalt. Sie wurde für umgerechnet 330 000 DM verkauft.

Wie einen Menschen treffen, der von sich einmal gesagt haben soll: »Der Maler Balthus existiert nicht.« Balthus hatte von jeher mit biographischen Angaben gegeizt. Nicht seine Person, sein Werk solle im Vordergrund stehen. Eine Inszenierung? Das macht immerhin seine Bilder, die zum großen Teil persönliche Obsessionen befürchten lassen, noch geheimnisvoller. Aber auch er wurde älter und eitler. Und so gab er David Bowie und Johannes Willms von der *Süddeutschen Zeitung* ein Interview.

187 Gilot, *Picasso*, S. 106.

Am 11. Mai 2000 bitte ich in einem Brief Herrn Balthazar Graf Klossowski de Rola – Balthus hat sich wie Balzac selbst geadelt – um ein Gespräch.

Einen Monat später, am 14. Juni 2000, kommt der Rückruf von seiner Assistentin. Der Graf sei jetzt bereit, und ehe ich antworten kann, begrüßt mich eine alte, aber sehr warme Stimme.

»Dora Maar! Ah, la pauvre elle est déjà morte. Ach, die Arme, sie ist schon gestorben. Ich wollte mich gerade auf den Weg machen, sie in Paris zu besuchen. Da war sie schon gestorben. – Welche Erinnerung ich noch an sie habe? Ah, da muß ich erst einmal überlegen. Ich rufe Sie zurück, wenn ich mich erinnere. – Ja, gern können Sie vorbeikommen. Nur nicht im Sommer. Warten Sie, ich gebe Ihnen meine Frau. Auf Wiedersehen.« Und zu seiner Frau gewandt, sagt er: »Die junge Dame möchte mit mir über Dora Maar sprechen. Aber es ist schwierig, nicht wahr, im Sommer? Sag ihr bitte, warum! Aber sei ganz lieb!« Da ist sie schon am Apparat und erklärt mir, daß im Sommer das Licht am besten sei und Balthus den ganzen Tag arbeiten müsse. Im Herbst aber sei ich herzlich eingeladen.

Anfang September werde ich zum Tee gebeten.

Balthus wohnt in dem malerischen Rossinière. Ein winziges Dorf im Berner Oberland. Traumhaft. Berge, Bäche, Wälder: Schweiz pur. Als ich am 6. September das riesige Chalet aus dem 16. Jahrhundert betrete, werde ich schon erwartet. Balthus ist ein sehr alter Mann. Er gibt mir die Hand mit einem festen Druck und begrüßt mich sehr freundlich.

»Wir können uns auch auf deutsch unterhalten. Ich kann Deutsch. Kennen Sie den Satz: Als Gottes Atem leiser ging, schuf er den Grafen Keyserling? Von wem ist das?« »Rilke?«

mutmaße ich. (Auf Rilke wäre ich nie gekommen, wenn ich nicht das SZ-Interview gelesen hätte.[188] Auch dort war Balthus mit dem selben Zitat ins Gespräch eingestiegen und hatte Rilke als Urheber vermutet.) »Oh, nein! Alle, aber doch nicht Rilke!« ruft Balthus entsetzt. Ob er ahnt, daß ich vorbereitet bin und gelesen habe, daß der Dichter des Panthers sein geistiger Ziehvater war? Oder sind das alles nur Gedächtnislücken? Balthus weiß auch nicht, wer das gesagt hat. Er grübelt. Wir überlegen gemeinsam. Finden keine Lösung, dafür aber ersten Zugang zueinander.

Der Tee wird nebenan serviert.

»Sie wollten mich etwas fragen, Madame?« Balthus wendet sich zu mir.

»Wie haben Sie Dora Maar kennengelernt?«

»Ah, Dora!« In seiner brüchigen Stimme liegt ein kaum vernehmbares Seufzen. »Ich wollte sie noch besuchen. Ich hatte gehört, daß sie mich gern sehen wollte. Aber sie war schon tot, als ich kommen wollte. Sie war schon tot!«

»Wann haben Sie Dora Maar kennengelernt?« Ich bekomme unterschiedliche Auskünfte. Mal mit, mal nach Picasso. Glücklicherweise sitzt Madame La Comtesse dabei. »Hast du eben nicht gesagt, daß …?« fragt sie zärtlich nach. Gemeinsam entwickelt sich die Teerunde zu einer Spurensuche. Madame La Comtesse und Monsieur Le Comte sind sehr bemüht, den Erinnerungen nachzugehen. Balthus hat am Ende des Gesprächs nichts von den kleingeschnittenen Crêpes genommen und gerade einmal zwischendurch einen Schluck Räuchertee. Als er sich zum wiederholten Male widerspricht, versucht die Gräfin seine Erinnerungen zusammenzufassen: »Balthus kannte Dora

188 Magazin der Süddeutschen Zeitung, 3. März 2000.

Maar schon, als sie mit Picasso zusammen war. Aber da Picasso immer der Star war, erinnert er sich nur noch an ihn.« Balthus hat leider keine Erinnerung mehr, wie er Picasso und Dora Maar als Paar erlebt hat. Madame La Comtesse stellt Vermutungen an. Sie sei sein Gedächtnis, sagt Balthus. Über Dora Maar habe er nie mit ihr gesprochen, sagt sie. »Freundschaft ist ein weiter Begriff. Sicherlich waren die beiden sehr eng miteinander verbunden. Und daß sie später keinen Kontakt mehr miteinander hatten, lag vor allem an seinen vielen Verpflichtungen in Rom, wo er Direktor der Villa Medici war.« Balthus' Beziehungen zu seinen Pariser Freunden hätten durch diese Tätigkeit sehr gelitten.

Aus dem Interview wird langsam ein Gespräch.

Wichtiger ist Balthus die Tatsache, daß er »sehr eng mit Picasso verbunden war«. Das wiederholt er gern. Er erinnert sich an ein Foto, das im Atelier von Picasso gemacht worden ist. Balthus freut sich, daß ich es kenne und sehr schön finde. Das ist für uns drei der Nachweis, daß Balthus Picasso schon in den 30er Jahren gekannt und folglich Dora und Picasso als Paar erlebt haben muß. Tatsächlich ist diese Fotografie aber in den 40er Jahren entstanden. Trotzdem kannte Balthus Picasso vorher. Aber auch Dora? Ich denke, nicht. Daran hat er überhaupt keine Erinnerung. 1946 kam er nach Paris zurück, das er vier Jahre zuvor verlassen hatte. Zu diesem Zeitpunkt werden Dora und er sich – vielleicht in einem der Salons – kennengelernt haben.

Balthus wiederholt: »J'étais très lié à Picasso. Ich war mit Picasso sehr verbunden.« Komisch, da sitze ich nun einem Mann gegenüber, der heute als einer der wichtigsten Maler des 20. Jahrhunderts gilt. Den alle sehen und sprechen wollen. Und diese Berühmtheit hat es nötig, sich permanent auf Picasso zu berufen.

Sich durch ihn hervorzuheben. Mehrfach wiederholt Balthus, daß Picasso einen Brief von ihm aufgehoben habe. Das habe ihn sehr gerührt. (Nun, wer wirft schon Briefe weg? Picasso warf gar nichts fort.) Aber nachfragen ist nicht möglich, etwa: Was schrieben Sie Picasso? Auch, mich zu erkundigen, ob er mit ihm in Kontakt blieb, wage ich nicht. Denn ich weiß, daß er das nicht tat – vielmehr Picasso nicht. Balthus war eine der vielen kurzlebigen Bekanntschaften des Genies. Aber es ist auch egal. Also komme ich wieder auf Dora zu sprechen.

Ach, er habe sie ja besuchen wollen! Mit Théo Léger. Erst kürzlich habe er erfahren, daß auch Théo schon verstorben sei. Der belgische Dichter und gemeinsame Freund von Dora und ihm nahm sich das Leben. Aus Angst vor dem Alter, vermutet der 92jährige Balthus. »Ich hatte von jemandem gehört – von wem bloß (Blick zu seiner Frau – sie weiß es auch nicht) –, daß Dora Maar mich gern sehen wollte. Und sie sah doch gar keinen mehr!« Als er diese Begebenheit uns abermals erzählt, sagt seine Ehefrau liebevoll ironisch: »Das muß dich ja sehr bewegt haben, denn du berichtest es nun zum wiederholten Mal.« »Ja, das hat mich auch sehr berührt!« erwidert Balthus trotzig.

An seine Freundschaft mit Dora hat er so gut wie keine Erinnerung mehr. Und wenn, nur ganz vage: »Wir haben uns auch allein getroffen oder mit Théo. Man traf sich in den Cafés.«

Ich frage nach Marie-Laure de Noailles. Der Name bringt sein Gedächtnis in Gang. Er lacht, nein, so sei Dora nicht gewesen. Marie-Laure habe jeden gesehen. Dora war viel reservierter.

Ich weiß nicht, warum, aber aus all diesen winzigen Gedankensplittern, die sich – jedesmal um eine Nuance bereichert – um sich selber drehen, schimmert tatsächlich eine enge Verbindung zwischen Dora und Balthus durch.

Balthus sah damals sehr gut aus. Wie übrigens jetzt auch. Seine hagere Gestalt, die feinen Gesichtszüge und schmalen Lippen geben ihm etwas durch und durch Aristokratisches.

Als ich ihn frage, ob sie auch ihm gegenüber so distanziert gewesen sei, antwortet er unwillig: »Nein! Wir waren sehr vertraut!«

Plötzlich erinnert er sich, daß er Dora etwas von sich gegeben hat. Aber was? Das weiß er nicht mehr.

Viele Fragen werden nicht beantwortet. Aber eine schon: Warum Balthus mich empfängt. Es ist sein »regret« – Bedauern, wie La Comtesse es nennt. Das Bedauern, daß er jemanden nicht mehr besucht hat, dem scheinbar so viel daran gelegen war. Dieses Gespräch über Dora Maar versteht er als Wiedergutmachung. Ob er in der Rue de Savoie war? Er weiß es nicht mehr. Er meint sogar, Dora Maar habe später woanders gewohnt. Er irrt sich. Auf die Frage, ob Dora ihm nicht beim Aufräumen im Atelier geholfen habe (so berichtet James Lord), antwortet die Gräfin: Das könnte schon sein.

Seit über einer Stunde sitzen wir zusammen. Balthus wird müde. Vielleicht erinnert er sich, wenn ich ihm Orte nenne, die für ihn und Dora wichtig waren. Sein Schloß Chassy zum Beispiel. (Auch das weiß ich aus den Erinnerungen von James Lord.) Auf dem Weg in den Süden hat ihn Dora mindestens zweimal in seinem Schloß besucht. Doch immerhin ein Zeichen ihrer besonderen Beziehung. Denn allzu viele Leute empfing Balthus nicht. Er glaubt nicht, daß sie in Chassy gewesen war, sagt Balthus und richtet sich dann an seine Frau: »Ist sie auf dem Foto mit Giacometti? Nein, nicht wahr? Also, sie war nicht auf Chassy!« Wie? Was? Nur weil sie nicht auf dem Foto ist, kann sie ihn doch trotzdem ein anderes Mal besucht haben.

Da Balthus immer wieder auf Picasso zurückkommt, hake ich hier nach. Ob Dora Maar für ihn *La femme qui pleure* war? Aber nein, was habe er mit Dora gelacht! Diese Erinnerung steigt unmittelbar in ihm hoch und hat nichts konkret Erinnertes, wie so vieles andere. Ob sie hübsch war? Auch hier druckst er herum. Will er nicht? Kann er nicht? »Häßlich war sie nicht.« Auf ihre Malerei mag er nicht eingehen. Das erkenne ich zu spät. Denn auch hier bin ich von den Erinnerungen Lords voreingenommen: »Er [Balthus] äußerte sich voll Bewunderung über ihre Arbeiten und sagte ihr große Anerkennung für die Zukunft voraus. Sie war vor allem einer der sehr wenigen Freunde, der er eines seiner Bilder schenkte. Sie hatte ihm unlängst dabei geholfen, das staubige Durcheinander seines Ateliers aufzuräumen, und zum Zeichen seiner Erkenntlichkeit schenkte er ihr eine Skizze eines Mädchenkopfes auf Karton. Sie war jedoch unsigniert, was die peinlich genaue Dora ärgerte, und sie nörgelte einige Jahre lang an ihn hin [sic], bis er bereit war, sie zu signieren.«[189]

Wohl erinnert sich Balthus, daß Dora sehr religiös war. Und daran – auf mein Nachfragen –, daß sie unmittelbar nach dem Bruch mit Picasso eine depressive Phase hatte. Als ich noch einmal nach Doras Malerei frage, schaltet Madame La Comtesse sich ein. »Na«, sie schaut Balthus an, »hast du ihre Malerei nicht immer als *interessant* bezeichnet?« Lachen. Auch er lacht. Was ist daran komisch? Meint »interessant« hier belanglos?

»Na, sie war vielleicht in dich verliebt?« Madame La Comtesse gibt dem Gespräch eine angenehme Selbstverständlichkeit.

189 Lord, *Einige bemerkenswerte Männer*, S. 193.

Auch sie scheint zunehmend interessiert, mehr über die Freundschaft zu erfahren. Nein, das weiß Balthus sicher, verliebt war sie nicht in ihn. Auf mein Nachfragen vermutet er, daß Dora nach Picasso keine Beziehung zu einem anderen Mann mehr hatte.

Als er wieder von Picasso anfängt, erinnert ihn La Comtesse an die »denkwürdige Diskussion von 1947«. Ich frage nach. Er hatte mit Picasso und Laurence Bataille, die minderjährige Tochter von Doras ehemaligem Liebhaber, bis in die Morgenstunden zusammengesessen. Na, wenn das so »fameux« ist! Und so intim schon gar nicht, wenn ein 16jähriges Mädchen dabeisaß. Oder?

Dann erinnert er sich plötzlich an die »Scène aux Halles«. Aber wie im Traum schwimmen die Erinnerungen unartikuliert durch seinen Kopf. Wenn ich die Wortfetzen richtig zusammensetze, waren Dora und er nachts bei den Markthallen von Paris von irgendeinem Typen angerempelt worden. Balthus hatte ihn gepackt, seinen Mund gequetscht – der Graf macht es vor – und gefragt: »Ça va, Foufou?« Eine Anekdote, die damals alle zum Lachen gebracht habe. Auch ich lache – obgleich ich das gar nicht komisch finde. Eine halbe Stunde später kann er sich nur noch an den Lacherfolg der Geschichte erinnern.

La Comtesse verläßt uns. Die gemeinsame Tochter, Ende Zwanzig, will »Maman« sprechen. Maman verabschiedet sich. Ich bleibe sitzen und quäle Balthus weiter. »Ach ja, Dora …!«

Endlich kommt der Arzt und gibt ein Zeichen, daß es Zeit ist.

Nun wage ich es doch, Balthus nach einem Foto zu fragen. »Für das Buch über Dora Maar«, füge ich schnell hinzu. »Ja. Selbstverständlich.« Ohne Blitz! Erhaben und intensiv trifft sein Habichtsblick meine Kamera. Dreimal drücke ich auf den Auslöser. Ob ich ihn wohl vor einem seiner Bilder aufnehmen dürfte, die im selben Raum hängen. »Nein!« Endlich eine Reaktion. Endlich Balthus. Und nicht der Freund von Dora Maar auf der Suche nach der verlorengegangenen Freundschaft.

Nun wird der Arzt streng. Monsieur Le Comte muß nach oben gehen. Ein alter Mann. »Einen Moment«, sagt er noch energisch und drückt ihm mit Vehemenz seinen Stock in die Hand. »Ich möchte der Dame noch auf Wiedersehen sagen!« Er wendet sich zu mir, drückt mir so fest die Hand, wie ich es selten erlebt habe. Angenehm, ich versuche als Zeichen der Verbindung dagegenzuhalten. »A bientôt, Madame!« Ich danke für das Gespräch. »Aber nein! Wofür danken?« sagt der Graf. Er wolle danken und für seine Erinnerungslücken um Nachsicht bitten. »Wissen Sie, als ich Dora besuchen wollte, war sie nicht mehr da.«

Anhang

Interviews

Balthus (Balthazar Graf Klossowski de Rola), geb. 1908, Maler. Nach dem Zweiten Weltkrieg verband ihn eine enge Freundschaft mit Dora Maar.
Gespräch mit Balthus am 6. September 2000 in Rossinière, Schweiz.

Monique Becker, geb. 1932, Freundin **Heinz Berggruens** in den 50ern in Paris. Modell für Dora Maar.
Gespräch mit Monique Becker am 18. März 1999 in Berlin.

Heinz Berggruen, geb. 1914, Kunstkritiker, Galerist und Kunsthändler, stellte 1957 Landschaftsmalereien von Dora Maar in seiner Galerie in Paris aus. In seiner Sammlung »Picasso und seine Zeit« im Stülerbau in Berlin befinden sich auch drei berühmte Porträts von Dora Maar.
Gespräch mit Heinz Berggruen am 19. März 1999 in Berlin.

Georges Bernier, geb. 1911, Autor, Galerist, und Gründer der Kunstzeitschrift *L'œil*, mit Dora Maar seit der Schulzeit bekannt, wie sie in der Pariser Kunstszene zu Hause. Mit seiner Lebensgefährtin **Monique Schneider-Manoury** lebte er in den 70ern in der Nähe Dora Maars, in der Rue de Savoie Nr. 6.
Gespräch mit Georges Bernier und Monique Schneider-Manoury am 28. und 29. August 2000 in Suèvres.

Christian Bouqueret, geb. 1955, Kunsthistoriker, Verfasser verschiedener Publikationen zur Fotografie in der ersten Hälfte des Jahrhunderts. Begegnete Dora Maar im Jahr 1983.
Gespräch mit Christian Bouqueret am 29. März 2000 in Paris.

General Lucien Bourgue, geb. 1919, lebt in dem provenzalischen Dorf Ménerbes. Pensioniert und passioniert widmet er sich der Dorfgeschichte.
Gespräch mit Lucien Bourgue am 24. April 1999 in Ménerbes.

Victoria Combalía, geb. 1952, Kunsthistorikerin, stellte 1995 Fotografien und Malereien von Dora Maar in Valencia in Spanien aus.
Gespräch mit Victoria Combalía am 23. Februar 1999 in Paris.

Pierre Daix, geb. 1922, international anerkannter Picasso-Experte. Dora Maar lernte er 1946 durch Paul Éluard kennen.
Gespräch mit Pierre Daix am 13. März 1999 in Paris.

Marcel Fleiss, geb. 1934, Galerist (Galerie *1900–2000*), stellte 1990 Dora Maars Landschaftsmalerei und 1991 ihre Fotografien aus.
Gespräch mit Marcel Fleiss am 4. Dezember 1998 in Paris.

Françoise Gilot, geb. 1921, Malerin, lernte 1943 Picasso kennen, bekam zwei Kinder mit ihm und verließ ihn 1953.
Gespräch mit Françoise Gilot am 30. April 2000.

Myrtille Hugnet, geb. 1931, Ehefrau von **Georges Hugnet**, Dichter, Surrealist und Freund von Dora Maar. Gehörte nach Dora Maars Rückzug aus der Pariser Gesellschaft zu den wenigen, die noch Zutritt zu ihr hatten.
Gespräch mit Myrtille Hugnet am 26. Februar 1999 in Paris.

Brigitte Léal, geb. 1955, Kunsthistorikerin und Konservatorin am Musée national d'art moderne im Centre Georges Pompidou in Paris.
Gespräch mit Brigitte Léal am 12. März 1999 in Paris.

James Lord, geb. 1922, Autor, in *Picasso und Dora Maar* schildert er die Freundschaft mit Dora Maar in den 50er Jahren.
Gespräch mit James Lord am 24. Februar 1999 in Paris.

Raymond Mason, geb. 1922, Bildhauer und Maler, 1946 nach Paris. Dora Maar führte ihn in die Gesellschaft ein.
Gespräch mit Raymond Mason am 22. Februar 1999 in Paris.

Yves Rousset-Rouard, geb. 1940, Bürgermeister von Ménerbes.
Gespräch mit Yves Rousset-Rouard am 23. April 1999 in Ménerbes.

Monique Schneider-Manoury, geb. 1928, Galeristin (Galerie *Artcurial*), Lebensgefährtin von **Georges Bernier**.
Gespräch mit Monique Schneider-Manoury und Georges Bernier am 28. und 29. August 2000 in Suèvres.

André Schoeller, geb. 1929, kunsthistorischer Sachverständiger der Auktion des Nachlasses von Dora Maar.
Gespräche mit André Schoeller am 5. Dezember 1998, 25. Februar und 24. Mai 1999 in Paris.

Werner Spies, geb. 1937, Kunsthistoriker und Autor zahlreicher Publikationen zu Picasso.
Gespräch mit Werner Spies am 28. März 2000 in Paris.

Odile Tallone, geb. 1959, Haushaltshilfe von Dora Maar in Ménerbes.
Gespräch mit Odile Tallone am 24. April 1999 in Cavaillon.

Bibliographie

Auktions- und Ausstellungskataloge

Les Picassos de Dora Maar. Paris 27 et 28 octobre 1998.

Pablo Picasso et Dora Maar. Une histoire – des œuvres. Photographies de 1906 à 1946. Paris 28 et 29 octobre 1998.

Les livres de Dora Maar. Autographes et documents. Paris 29 octobre 1998.

Les photographies de Dora Maar. Une histoire – des œuvres. Paris 20 novembre 1998.

L'atelier de Dora Maar. Paris 26 novembre 1998.

L'atelier de Dora Maar. Paris 7 décembre 1998.

Derniers souvenirs de Dora Maar. Paris 26 et 27 mai 1999.

Précieux livres anciens et modernes. Derniers livres de la Bibliothèque de Dora Maar. Paris 16 juin 1999.

Les photographies de Dora Maar. Une dernière rencontre. Paris 19 novembre 1999.

Ausstellungskatalog – Galerie 1900-2000: *Dora Maar. Œuvres anciennes.* 10 au 27 juillet 1999.

Ausstellungskatalog Fundación Bancaixa: *Dora Maar, Fotógrafa.* Valencia 1995.

Quellen und ausgewählte Sekundärliteratur

(in den Fußnoten verweisen Jahreszahlen in Klammern auf die Erstveröffentlichung.)

Baldassari, Anne: *Picasso und die Photographie*. München (Paris London) 1997.

Beauvoir, Simone de: *In den besten Jahren*. Hamburg 1998.
–: *Der Lauf der Dinge*. Hamburg 1989.

Billeter, Erika u. Pierre, José (Hg.): *La femme et le surréalisme*. Lausanne 1987.

Bouqueret, Christian: *Les Femmes photographes de la nouvelle vision en France 1920-1940*. Paris 1998.
–: *Des années folles aux années noires. La nouvelle vision photographique en France. 1920–1940*. Paris 1997.

Brassaï: *Gespräche mit Picasso*. Hamburg 1993.

Breton, André: *Nadja*. Baden-Baden 1960.

Chadwick, Whitney: *Women Artists and the Surrealist Movement*. London 1985.

Combalía, Victoria: Interview mit Dora Maar. Veröffentlicht in *Art Press* No. 199, Februar 1995. S. 54–58.

Daix, Pierre: *La Vie de peintre Pablo Picasso*. Paris 1977.
–: *Le dictionnaire Picasso*. Paris 1995.

Gateau, Jean-Charles: *Éluard, Picasso et la peinture*. Genf 1983.

Gilot, Françoise: *Leben mit Picasso*. München 1980.

Hirschfeld, G. und Marsh, P. (Hg.): *Kollaboration in Frankreich. Politik, Wirtschaft und Kultur während der nationalsozialistischen Besatzung 1940–1944*. Frankfurt a.M. 1991.

Hobson, Mary Daniel: *Blind insight: Three Routes to the Unconscious in the Photographs of Dora Maar*. The University of New Mexico 1996.

Jaguer, Edouard: *Les mystères de la chambre noire. Le surréalisme et la photographie*. Paris 1982.

Jean, Marcel: *Geschichte des Surrealismus.* Köln 1968.

Leiris, Michel: *Journal 1922–1989*. Paris 1992.

Lord, James: *Picasso und Dora Maar.* Frankfurt 1998.

Mattheus, Bernd: *Georges Bataille. Eine Thanatographie Bd. I–III.* München 1984.

Krauss, Rosalind: *Le surréalisme, encore et toujours*. In: A. Sayag u. J.-C. Lemagny (Hg.): L'invention d'un art. Paris 1989.

Nadeau, Maurice: *Geschichte des Surrealismus*. Hamburg 1965.

Penrose, Roland: *Picasso. Leben und Werk.* München 1961.

Sabartés, Jaime: *Picasso*. Frankfurt a. M. 1990.

Ullmann, Ludwig: *Picasso und der Krieg*. Bielefeld 1993.

Informationen zu unseren Verlagsprogrammen finden Sie im Internet unter
www.europaeische-verlagsanstalt.de

Bibliografische Angaben Der Deutschen Bibliothek
Die Deutsche Bibliothek verzeichnet diese Publikation in
der Deutschen Nationalbibliografie; detaillierte bibliografische Angaben
sind im Internet unter http://dnb.ddb.de abrufbar

eva-Taschenbuch Nr. 243

zuerst erschienen Europäische Verlagsanstalt | Rotbuch Verlag, Hamburg 2001
Umschlaggestaltung: projekt ® | Cathrin Günther
Foto: Man Ray: Porträt Dora Maar. © Man Ray Trust, Paris/
VG Bild-Kunst, Bonn 2003
Signet: Dorothee Wallner nach Caspar Neher »Europa« (1945)
Herstellung: Das Herstellungsbüro, Hamburg
Satz: Greiner & Reichel, Köln
Druck und Bindung: Clausen & Bosse, Leck

Printed in Germany

ISBN 3-434-46192-2